Hermann Hesse in der Schweiz

Georg A. Weth

Hermann Hesse in der Schweiz

Eulen Verlag

In memoriam
Georg Werner,
meinem väterlichen Freund, der mich mit dem
Werk Hermann Hesses bekannt machte.

Ich danke
Ursula und Volker Michels
für die sachkundige Beratung.

Der Abdruck der Aquarelle Hermann Hesses
erfolgt mit freundlicher Genehmigung von
Heiner Hesse, Arcegno © 1997.

Der Abdruck der Schwarz/Weiß-Aufnahmen
und Texte von Hermann Hesse erfolgt mit
freundlicher Genehmigung des Suhrkamp
Verlags Frankfurt am Main.

Alle Rechte vorbehalten.
Printed in Germany
© 1997 EULEN VERLAG Harald Gläser,
Freiburg i. Br.
Satz: Fotosetzerei G. Scheydecker,
Freiburg i. Br.
Reproduktion: Consulting Repro,
Robecca/Italien
Druck und Einband:
Freiburger Graphische Betriebe
ISBN 3-89102-246-8

INHALT

6   VORWORT
Bilder zur Förderung des eigensinnigen Nacherlebens

8   MONTAGNOLA
Wiedergeboren

18   BASEL
Von mir entzückt

22   BERN
Schloß der Freude – Haus der Sorge

26   ZÜRICH
Lebenshunger des Fünfzigjährigen

28   FREUNDE
Des Lebens Ruf an uns wird niemals enden

34   WANDERUNGEN
Voll Torheit und Sommerduft

38   BADEN BEI ZÜRICH
Zwischen lässigem Müßiggang und intensiver Arbeit

40   MARIN
Wir haben ihn!

42   SILS MARIA
Urgemütlich und plauderhaft

46   85. GEBURTSTAG
Frisches, junges Blut

50   DIE LETZTEN TAGE
Splittrig geknickter Ast

54   BRUNO HESSE, ÄLTESTER SOHN
Weltvergessen

58   HEINER HESSE, ZWEITÄLTESTER SOHN
Sündenbock?

62   ENKELIN CHRISTINE
Dienen

64   ENKELIN SIBYLLE
Mit einem großen Müntschi

66   ENKEL DAVID
Eulenspiegel

VORWORT

Bilder zur Förderung des eigensinnigen Nacherlebens

Hermann Hesse in der Schweiz – in diesem Land distanzierte sich der Dichter nicht nur von seiner Herkunft und dem damaligen politischen Deutschland, hier fand er zu sich selbst, zu dem eigenen Sinn seines Lebens.

Das Buch zeigt dazu Collagen von Bildern und Texten aus Vergangenheit und Gegenwart. Ohne literaturkritische Auslegung und psychoanalytische Deutung – welche nur allzu leicht zur Verunsicherung und zum Mißtrauen gegenüber den eigenen Empfindungen führen – soll hier ein unvoreingenommenes Hesse-Bild vermittelt werden.

Bereits 1930 äußerte sich Hesse »über gute und schlechte Kritiker«: »So verkleidet sich in der Literaturkritik zur Zeit die geistfeindlichste und barbarischste Strömung in der Rüstung der Psychoanalyse... Man untersucht... die Komplexe und Lieblingsvorstellungen eines Dichters und stellt fest, daß er zu dieser oder jener Klasse von Neurotikern gehöre, man erklärt sein Meisterwerk, indem man es aus derselben Ursache herleitet wie die Platzangst des Herrn Müller und die nervösen Magenstörungen der Frau Meier. Man lenkt systematisch und mit einer gewissen Rachsucht die Aufmerksamkeit von den Werken der Dichtung ab, degradiert die Dichtungen zu Symptomen seelischer Zustände, fällt beim Deuten der Werke in die gröbsten Irrtümer rationalistischer und moralisierender Biographie zurück und hinterläßt einen Trümmerhaufen...«[1]

Hermann Hesses unmißverständliches Problembewußtsein war offensichtlich von jeher schwer zu ertragen. Seine Werke gerieten von Anfang an in den Irrgarten von Auslegungen und wissenschaftlichen Theorien.

Von diesem Ballast muß sein Werk befreit werden, um des Lesers Selbstfindung zu ermöglichen, die Hesse an die oberste Stelle setzte.

Der Dichter verlangt den mündigen, eigensinnigen Leser, über dessen Charakter Hesse 1919, im Jahr seines Neubeginns in Montagnola, schrieb: »Eine Tugend gibt es, die liebe ich sehr, eine einzige. Sie heißt Eigensinn. – Von allen den vielen Tugenden, von denen wir in Büchern lesen und von Lehrern reden hören, kann ich nicht so viel halten. Und doch könnte man alle die vielen Tugenden, die der Mensch sich erfunden hat, mit einem einzigen Namen umfassen. Tugend ist: Gehorsam. Die Frage ist nur, wem man gehorche. Nämlich auch der Eigensinn ist Gehorsam. Aber alle anderen, so sehr beliebten und belobten Tugenden sind Gehorsam gegen Gesetze, welche von Menschen gegeben sind. Einzig der Eigensinn ist es, der nach diesen Gesetzen nicht fragt. Wer eigensinnig ist, gehorcht einem anderen Gesetz, einem einzigen, unbedingt heiligen, dem Gesetz in sich selbst, dem ›Sinn‹ des ›Eigenen‹.«[2]

Hermann Hesse in der Schweiz – ein Buch, das zum individuellen Nacherleben der »Meisterjahre« des Dichters beitragen soll, das aber auch darüber informieren möchte, wie die Nachwelt und seine Nachkommen den großen Eigensinnigen in das Heute integrieren.

Georg A. Weth

Hermann Hesse um 1960

MONTAGNOLA
WIEDERGEBOREN

Als Hermann Hesse im Mai 1919 in Montagnola den Klingelknopf unterhalb des Namensschildes Camuzzi betätigte, konnte er nicht ahnen, daß sich von diesem Moment an sein Leben verändern sollte.

Um seinem Dasein nach langen Jahren der Fremdbestimmung durch den Ersten Weltkrieg wieder »Eigensinn« zu geben, mußte er neu beginnen. Dies wurde ihm vor allem nach den Gesprächen im Jahr 1916 mit dem Luzerner Arzt und Psychoanalytiker Dr. J. B. Lang im Haus Sonnmatt klar. Damals begann Hesse zu malen, wobei eine Reihe von Selbstbildnissen entstand, die seine Entwicklung zeigen. Das nahezu unbekannte Portrait von 1919 ist wohl am aussagekräftigsten für diese Zeitspanne.

Mit Werken wie Iris, Der schwere Weg, Demian, Zarathustras Wiederkehr, Blick ins Chaos, die er in jener Zeit des Umbruchs schrieb, machte er sich und anderen – mehr noch als bisher – Mut, indem er ständig mahnte, auf die innere Stimme zu hören, um Gott in sich selbst zu finden.

Hesse kannte die Schweiz seit vielen Jahren, besonders Basel, Zürich und Bern, wo er sich 1919 von seiner ersten Ehefrau Maria Bernoulli (1869–1963) und von den Söhnen Bruno, Heiner und Martin trennte, um in das Tessin zu übersiedeln, eine Landschaft, die er bereits 1907 lieben gelernt hatte.

Im ersten von ihm selbst illustrierten Buch Wanderung, das 1920 im S. Fischer Verlag erschien, schilderte er seinen Übergang von Nord nach Süd: »Die Welt ist schöner geworden. Ich bin allein und leide nicht unter dem

Abb. 2
Haustürklingel

Abb. 3
Casa Camuzzi in einer Federzeichnung von Hermann Hesse (1930)

Abb. 1
Casa Camuzzi vom Garten aus gesehen (1993)

Alleinsein. Ich wünsche nichts anderes. Ich bin bereit, mich von der Sonne fertig kochen zu lassen. Ich bin begierig, reif zu werden. Ich bin bereit, zu sterben, bereit, wieder geboren zu werden.«

In einer kleinen Wohnung im ersten Stock der Casa Camuzzi wurde er »wiedergeboren«. Dieser Palazzo, den Hesse eine »Imitation eines Barock-Jagdschlosses« nannte, ist ein architektonisch originelles Haus in Montagnola, das sein Aussehen Agostino Camuzzi verdankt, dem Tessiner Baumeister, der im Dienste des Zaren Nikolaus I. die Eremitage von St. Petersburg gestaltete. Hesse zeichnete das Haus 1930. Es hat sich bis heute kaum verändert.

Hier stürzte er sich in die Arbeit und schrieb im Juli und August 1919 *Klingsors letzter Sommer*. Wer die Erzählung gelesen hat, versteht des Verfassers Sehnsucht nach Neubeginn, lernt den Goldhügel, auf dem er wohnt, die »Collina d'Oro« kennen, sein »Märchenschloß« mit dem Balkönchen und seinem »Zauberwald«, den Terrassengarten, in dem fürstliche Treppen zu verschlungenen Pfaden führen. Hier lebte er wie sein Maler Klingsor: »Klingsor stand nach Mitternacht, von einem Nachtgang heimgekehrt, auf dem schmalen Steinbalkon seines Arbeitszimmers. Unter ihm sank tief und schwindelnd der alte Terrassengarten hinab, ein tief durchschattetes Gewühl dichter Baumwipfel, Palmen, Zedern, Kastanien, Judasbaum, Blutbuche, Eukalyptus, durchklettert von Schlingpflanzen, Lianen, Glyzinen…«

Mit wie vielen Freunden mag er den Amphorenweg dieses Gartens gegangen sein: Gunter Böhmer, Hans Purrmann, Peter Weiss, die Maler, die es Hesse gleich taten und selbst in der Casa Camuzzi wohnten, oder mit Besuchern wie Hugo Ball, Max Brod, Martin Buber, T. S. Eliot, Klabund, Annette Kolb, Thomas Mann, Louis Moilliet, Romain Rolland, Othmar Schoeck, Jakob Wassermann, Stefan Zweig, um nur einige zu nennen.

Abb. 4
Selbstbildnis (1919)

Abb. 5
Amphorenweg im Park der
Casa Camuzzi
Ausschnitt aus einer
aquarellierten Federzeich-
nung von Hermann Hesse

Abb. 6
Amphorenweg
(Sommer 1993)

Abb. 7
Blick von Montagnola nach
Porlezza
Aquarellierte Federzeichnung
von Hermann Hesse (1958)

Abb. 8
Blick von Montagnola nach
Porlezza (Sommer 1996)

Abb. 9
Die Casa rossa in einer
Farbaufnahme von
Trudel Hanßum (1962)

Abb. 10
Hermann Hesses Gartenstuhl auf der
Terrasse der Casa rossa
Vergleiche Bild auf Seite 63

Abb. 11
Hermann Hesses Haus (Casa rossa)
im heutigen Zustand (Sommer
1996)
Der ehemalige »Stall« im unteren
Teil des Gartens wurde durch ein
Gästehaus ersetzt.

Bis 1931 wohnte Hesse in dem Palazzo. Hier wurden die Arbeiten zu *Siddhartha* und dem *Steppenwolf* abgeschlossen. Hier entstanden *Die Nürnberger Reise*, *Narziß und Goldmund*... Hier wurde er 1924 wieder Schweizer Staatsbürger, nachdem ihm 1890 durch den Umzug seiner Eltern von Basel nach Calw die deutsche Staatsbürgerschaft auferlegt worden war. 1923 ließ er sich von seiner ersten Frau scheiden und heiratete ein Jahr darauf Ruth Wenger, die sich 1927 von ihm wieder trennte. Im Nachbarflügel der Casa Camuzzi hatte sich damals schon Ninon Dolbin, geb. Ausländer, einquartiert, in der Hoffnung, mit ihm, der eigentlich nie mehr heiraten wollte, eine dritte Ehe einzugehen. Bevor Hesse aber am anderen Ende von Montagnola die Casa rossa – so genannt wegen des roten Farbanstriches – bezog, die ihm sein Züricher Freund und Gönner H. C. Bodmer nach seinen Wünschen baute und auf Lebzeiten kostenlos zur Verfügung stellte, ehelichte er Ninon doch noch, eine energische Frau, deren Liebe und Verständnis sie befähigten, ihm die ideale Lebenspartnerin zu werden.

In dem neuen Haus arbeitete Hesse von 1931–1942 an seinem Hauptwerk *Das Glasperlenspiel*, mit dessen Niederschrift er bereits in der Casa Camuzzi begonnen hatte.

Abb. 12
Ninon Dolbin
geb. Ausländer (1927)

Abb. 13–18
Aus Heiner Hesses privatem
Fotoalbum:
»Vater beim Holzsägen«
(um 1957)

Abb. 19
Hermann Hesse am
Schreibtisch seines Arbeitszimmers in der Casa rossa
(um 1957)

Abb. 20
Montagnola mit Blick auf
die Casa Camuzzi
(Sommer 1996)

Abb. 21
Renovierungsarbeiten in
der »Klingsor Wohnung«
(20. August 1996)

Als am 19. Juni 1991 die letzte Nachfahrin der Familie Camuzzi, Rosetta Camuzzi, starb, waren siebzehn Erben da, die das Haus so schnell wie möglich verkaufen wollten. Wurden Rosetta Camuzzi zu Lebzeiten einmal 7 Millionen Schweizer Franken geboten, so forderte die Erbengemeinschaft nur 2,8 Millionen Schweizer Franken. Hesses zweitältester Sohn Heiner, der nach dem Tod Ninon Hesses mit ansehen mußte, wie die Casa rossa, in der Hermann Hesse von 1931 bis 1962 lebte, verkauft worden war, wollte die Casa Camuzzi als Hesse-Gedenkstätte erhalten wissen. Aber das Geld reichte nicht zum Kauf.

Die Gemeinde Montagnola, der Kanton Tessin sowie andere Schweizer Kulturinstitutionen zeigten am Plan Heiner Hesses und des Herausgebers Volker Michels, der noch rechtzeitig einen »Freundeskreis zur Erhaltung der Hermann Hesse Stätten e.V.« gegründet hatte, kein Interesse.

Eine private Gruppe unter der Leitung des Architekten Urs Kamber machte das Rennen. Sie erhielten den Zuschlag.

Das Haus wurde, wie schon zu Hesses Zeiten, in sechs Wohnungen parzelliert. Kamber erwarb die Atelierwohnung oberhalb der ehemaligen Hesse-Wohnung sowie das Türmchen.

Wenn auch die Casa Camuzzi vorerst als Hesse-Gedenkstätte verlorenging, so kann man wenigstens froh sein, daß gerade ein Fachmann dieses Gebäude erwarb, das völlig saniert werden mußte. Dem Denkmalschutz soll die Erhaltung der alten Substanz nicht so wichtig gewesen sein. »Wenn ein Teil des Bauwerkes mit einem Flachdach versehen worden wäre, hätte er auch nichts dagegen einzuwenden gehabt«, meint Urs Kamber. Er selbst nahm es jedoch mit der Renovierung sehr genau. Beispielhaft die »Klingsor-Wohnung«, wie man den Hesse-Trakt nennt, den ein Privatmann gekauft hat. Die morschen Balken im Boden und an der Decke mußten mit Eisenschienen stabilisiert werden. Dafür wurden der Ziegelboden in der früheren Hesse-Küche und die Stuckdecke von Hesses Arbeitszimmer vorsichtig abgetragen, damit sie nach der Abstützung wieder originalgetreu montiert werden konnten. Der »Klingsor-Kamin« blieb ebenfalls unverändert. Die Gesamtkosten der Renovierung und Restaurierung für die Hesse-Wohnung beliefen sich auf annähernd 400 000 Schweizer Franken.

Die Käufer der Casa Camuzzi hatten sich hinsichtlich der Instandsetzung und Weitererhaltung jedoch schon zerstritten. Wollten im Spätherbst 1996 die Eigentümer der rechten Haushälfte einen neuen Außenverputz machen lassen, so beabsichtigte Urs Kamber, maßgebend für die linke Haushälfte, die Patina des Gebäudes, besonders wegen der wertvollen Stuckarbeiten, zu erhalten und dementsprechend zu konservieren. Inzwischen hatte sich auch der Denkmalschutz wieder eingeschaltet, der die gesamte Erneuerung der Fassade wünschte. Nur unter dieser Prämisse wurden finanzielle Mittel in Aussicht gestellt. Kamber wollte auch die romantische Wildnis des Gartens nicht zerstören und den »Hessepilgern« künftig zugänglich machen, aber die andere Gruppe war für eine Modernisierung des Parkes. Darüber hinaus wünschte man die Schließung des Terrassengartens für die Öffentlichkeit. Ende 1996 war man noch immer unentschieden. Den Blick, den Hermann Hesse von seinem Haus auf den Luganer See bis hin zur italienischen Bucht von Porlezza hatte und den er so oft malte, werden wohl nur noch die neuen Eigentümer der Casa Camuzzi genießen können.

Zwei Jahre vor seinem Tod schrieb der Dichter: »Als ich vor einundvierzig Jahren, auf der Suche nach einer Zuflucht, zum erstenmal nach Montagnola kam…, war ich ein Mann in den besten Jahren und war gesonnen, nach einem vierjährigen Krieg, der auch für mich mit Niederlage und Bankrott geendet hatte, von vorn anzufangen. Und Montagnola war damals ein Dörfchen… Heute aber ist Montagnola kein Dorf und macht keinen bäuerlichen Eindruck mehr, es ist ein Vorstädtchen mit etwa viermal so vielen Einwohnern, mit einem stattlichen Postamt und Konsumladen, einem Café und einem Zeitungskiosk geworden… .

So ändern sich mit den Jahren die Menschen und die Dinge… Aber in diesen paar Jahrzehnten habe ich in Montagnola viel Gutes, ja Wunderbares erlebt, von Klingsors flackerndem Sommer bis heute, und habe dem Dorf und seiner Landschaft viel zu danken. Ich habe meiner Dankbarkeit auch immer wieder Ausdruck zu geben versucht. Ich habe oft und oft das Lied dieser Berge, Wälder, Rebhänge und Seetäler gesungen…«[3]

Von den Menschen im Tessin dagegen und speziell von den Bewohnern Montagnolas wurde dieses Lied kaum vernommen. Heute scheint es verklungen zu sein. 1977, zum einhundertsten Geburtstag des Dichters, errichtete man einen lieblosen Gedenkstein in der »Via Hermann Hesse«. Mehr als Pflichtübung als aus Überzeugung sprach ihm die Gemeinde 1962 noch die Ehrenbürgerschaft zu. Nach Ninons Tod hätte die Gemeinde die Möglichkeit gehabt, gemeinsam mit Hesses Erben die Casa rossa zu kaufen, um das Haus, so eingerichtet wie es war, der Nachwelt zu erhalten. Aus der Casa rossa aber wurde eine »Casa blanca« und als Wochenendreich eines italienischen Großindustriellen verbarrikadiert. Ebenso hätte die Casa Camuzzi, durch Anregung von Heiner Hesse, als eine Hesse-Gedenkstätte erhalten werden können. Die reiche Gemeinde Montagnola stellte sich jedoch taub.

»… und so hoffe ich«, schrieb Hesse zum Schluß der oben angeführten Betrachtung, »wenn ich auch kein Tessiner geworden bin, die Erde von St. Abbondio (Friedhof unweit von Montagnola) werde mich freundlich beherbergen…«

Abb. 22
Reverenz der Gemeinde von Montagnola zu Hermann Hesses 100. Geburtstag

Basel

Von mir entzückt

Abb. 23
Basel (Frühherbst 1996)

Zur Schweiz hatte Hermann Hesse von jeher das beste Verhältnis, verbrachte er doch in Basel seine »glücklichsten Kinderjahre«, wie er einmal schrieb.

Der am 2. Juli 1877 in Calw geborene Sohn eines Missionars kam als Vierjähriger nach Basel, denn sein Vater wurde 1881 in das Stammhaus der sogenannten »Basler Mission« versetzt. Diese Mission, 1816 von dem Pietisten Blumhardt gegründet, machte sich zum Ziel, »das Reich Jesu unter den armen Heiden auszubreiten«. Die Basler Mission in der Missionsstraße existiert noch immer, um »das Evangelium unter Menschen zu verkünden, die es nicht kennen«, wie es im Fünfjahresplan, der 1990 verabschiedet wurde, hieß.

Die Erziehung des kleinen Hermann schien seine Mutter schon früh zu überfordern. 1881 schrieb sie u. a. an ihren auf Reisen befindlichen Mann: »Bete du mit mir für Hermännle... der Bursche hat ein Leben, eine Riesenstärke, einen mächtigen Willen, und wirklich auch eine Art ganz erstaunlichen Verstand für seine vier Jahre... Gott muß diesen stolzen Sinn in Arbeit nehmen, dann wird was Edles und Prächtiges draus...«⁴

Sohn und Eltern trugen die ersten »Kraftproben« aus. Um seinen Willen zu brechen, steckten sie ihn in das Knabenhaus der Mission. Trotzdem erinnert sich Hermann Hesse im späteren *Hermann Lauscher* gerne an diese »gute Zeit«. 1886 ging die Familie wieder nach Calw zurück, wo die schlimmsten Jahre von Hesses Jugend begannen. In dieser Zeit beschloß er, »entweder Dichter oder gar nichts«

Abb. 24
Eingang zum ehemaligen »Knabenhaus«, heute Kinderhaus der »Basler Mission« (Frühherbst 1996)

zu werden. Der Weg dahin führte ihn über eine Buchhandelslehre in Tübingen, 1899 zur »Reich'schen Buchhandlung« nach Basel. »Ich hatte keinen anderen Wunsch, als nach Basel zu kommen; es schien dort etwas auf mich zu warten, und ich gab mir alle Mühe, als junger Buchhandlungsgehilfe eine Stelle in Basel zu finden. Es gelang..., und mit Nietzsches Werken (soweit sie damals erschienen waren) und mit Böcklins gerahmter Toteninsel in der Kiste« zog er zum erstenmal »frei und nach eigener Wahl in die Welt.«[5]

Verhältnismäßig schnell fand er beim Basler Stadtarchivar Rudolf Wackernagel einen Freundeskreis.

Sein Bildungsvakuum füllte er autodidaktisch durch literarische und kunstwissenschaftliche Lektüren auf, ein Pensum, das für ein ganzes Studium ausgereicht hätte. Nach zweijähriger Tätigkeit in der Buchhandlung kündigte er die Stelle, um 1901 seine erste Italienreise zu unternehmen. Ob ihn seine unglückliche Liebe zu der Pfarrerstochter Elisabeth la Roche, der er ein Gedicht und eine Passage in *Peter Camenzind* gewidmet hat, zwei Monate später nach Basel zurücktrieb oder seine ersten bescheidenen Erfolge mit *Hermann Lauscher* und seinem *Gedichte*-Bändchen, weiß man nicht. Finanziell konnte er vorerst nicht von seinem »Dichterberuf« leben. Zwei weitere Jahre verdiente er sich den Lebensunterhalt als Antiquariatsbuchhändler. In dieser Zeit lernte er seine spätere Frau, Maria Bernoulli, die erste Schweizer Berufsfotografin, kennen. Mit ihr unternahm er im April 1903 eine zweite Italienreise und bereits an Pfingsten des gleichen Jahres fand die Verlobung statt. Im August 1904 heirateten sie in Basel. Bestärkt durch die Einnahmen aus dem 1904 bei S. Fischer erschienenen Roman *Peter Camenzind*, für den Hesse seinen ersten Literaturpreis, den »Wiener Bauernfeldpreis«, erhielt, beschloß das junge Ehepaar, ein bescheidenes Leben auf dem Lande zu führen.

Sie zogen nach Gaienhofen an den zivilisationsfernsten Teil des Bodensees.

Abb. 25
Maria Bernoulli (um 1904)

»Jetzt also war, unter vielen Stürmen und Opfern mein Ziel erreicht: ich war, so unmöglich es erschienen hatte, doch ein Dichter geworden... Ich hatte gesiegt, und wenn ich nun das Dümmste und Wertloseste tat, fand man es entzückend, wie auch ich selbst von mir entzückt war.«[6]

Abb. 26
Ruth Wenger (um 1924)

Die Erfolge wurden größer. 1905 portraitierte ihn Ernst Würtenberger. Im gleichen Jahr wird sein erster Sohn Bruno geboren. Das bäuerlich abgeschiedene Leben gab ihm aber nicht die nötigen Impulse, die er sich für seine weitere Entwicklung wünschte. Immer häufiger zog es ihn »in die Welt«, wenn auch größtenteils in die »Schweizer Welt« zurück. Im April 1907 verbringt er einen Monat auf dem Monte Verità bei Ascona, jener damals berühmten Naturheilanstalt für eine alternative Lebensweise; heute Seminarzentrum und Museum. 1909 wurde sein zweiter Sohn Heiner geboren. 1911 hält Hesse bereits seinen dritten Sohn, Martin, auf dem Arm.

In diesem Jahr erschien auch seine Gedichtsammlung *Unterwegs*. Unterwegs mußte er sein. In Begleitung seiner Freunde Othmar Schoeck und Fritz Brun ging er wieder nach Italien. Kaum zurück, reiste er von September bis Dezember 1911 nach Indien. 1912 zog er mit seiner Familie nach Bern. 1919 trennte er sich von Frau und Kindern.

Erst 1924 kam er für einen mehrmonatigen Aufenthalt wieder nach Basel. Dort heiratete er Ruth Wenger, eine lebenslustige, zwanzig Jahre jüngere Frau, die bis 1925 im Hotel Krafft eine kleine Wohnung bezog, während er in der Lothringer Straße 7 am *Steppenwolf* arbeitete. In dieser Zeit sah er die »gnädige Frau«, wie er sich einmal ironisch äußerte, nur selten. Er tröstete sich in den Kneipen rund um den Fischmarkt, wie sein Protagonist Harry Haller im *Steppenwolf*.

Langsam verblaßten für ihn Ruth Wenger und Basel, die Stadt, die er in späteren Jahren nie mehr wiedersah, denn auch »in Basel begann die Zerstörung der alten Gassen und Quartiere, und ich mochte mir das Bild der Stadt, wie ich sie kannte und liebte, nicht verderben.«[7]

Abb. 27
Monte Verità »Casa Anatta«
(1996)

Abb. 28
Hesse-Portrait von
Ernst Würtenberger (1905)

Bern

Schloss der Freude – Haus der Sorge

Unweit von Bern, auf einer Halbinsel, die der Flußlauf der Aare gebildet hat, thront das Märchenschloß Bremgarten, in dem Hesse häufig zu Gast war, wo er sich zu seinem Märchen *Die Morgenlandfahrt* inspirieren ließ und das er im *Bilderbogen von einer kleinen Reise* als »Schloß aus einer Eichendorff-Novelle« schilderte. Am 14. August 1944 hat er es unter dem Titel »Im Schloß Bremgarten« besungen.[8]

»Dahin«, aber nicht vergessen, ist sein Gönner Max Wassmer, dem das Schloß einstmals gehörte und der Hesses Gastgeber war. Und wer sind die »anderen Leute«, die jetzt in der Halle sitzen und dem »Heute« zulächeln? Wassmers Nachfolger waren 1978 das Ehepaar Viktor und Therese Kleinert. Nach dem Tod Viktor Kleinerts lebte seine Witwe mit den Töchtern alleine in den Sälen und unzähligen Zimmern des Schlosses. Ende 1996 verkaufte sie das Anwesen an die Gemeindepräsidentin Susanne Bommeli und deren Mann.

Im Festsaal feierte Hesse am 2. Juli 1947 seinen 70. Geburtstag, an dem ihm die Ehrendoktorwürde der Universität Bern verliehen wurde. Hesse wohnte meist im obersten Zimmer des rechten Schloßturmes, der seitdem den Namen »Hesseturm« trägt. Eine Anekdote besagt, daß er seinen Nachttopf immer aus dem Fenster gekippt und einmal nur noch den Henkel in der Hand gehalten habe.

In unmittelbarer Nähe des Schlosses befindet sich eine Kapelle, deren Chorfenster der im *Klingsor* verewigte Maler »Louis der Grausame«, Louis Moilliet, schuf, der hinter der Kirche im Todesjahr von Hesse bestattet wurde.

Im Schloß Bremgarten

Wer hat einst die alten Kastanien gepflanzt,
Wer aus dem steinernen Brunnen getrunken,
Wer im geschmückten Saale getanzt?
Sie sind dahin, vergessen, versunken.

Heut sind es wir, die die Sonne bescheint
Und denen die lieben Vögel singen.
Wir sitzen um Tafel und Kerzen vereint,
Trankopfer dem ewigen Heute zu bringen.

Und wenn wir dahin und vergessen sind,
Wird immer noch in den hohen Bäumen
Die Amsel singen und singen im Wind,
Und drunten der Fluß an den Felsen schäumen.

Und in der Halle beim Abendschrei
Der Pfauen sitzen andere Leute.
Sie plaudern, sie rühmen, wie schön es sei,
Bewimpelte Schiffe fahren vorbei,
Und es lacht das ewige Heute.

Abb. 31
Westhof des Schlosses
vom Eingangsportal aus
gesehen (1996)

Abb. 32
Der Schloßherr
Max Wassmer mit
Hermann Hesse

Abb. 29
Ostfassade von Schloß
Bremgarten (1996)

Abb. 30
Festsaal im Schloß
Bremgarten (1996)

Abb. 33
Chorfenster von Louis
Moilliet in der benachbarten
Kapelle

Vieles verband Hermann Hesse mit Bern, größtenteils allerdings negative Ereignisse. Im September 1912 war er mit Familie von Gaienhofen in die Schweizer Hauptstadt gezogen, wo sie das Haus seines kurz vorher verstorbenen Freundes, des Malers Albert Welti, mieteten. Das großzügige Patrizierhaus im Melchenbühlweg 26 hat sich bis heute kaum verändert. Dort scheiterte schließlich die bereits seit langem mit Problemen behaftete Ehe mit Maria Bernoulli endgültig. Sein Roman *Roßhalde*, den er in Bern vollendete, gibt Auskunft darüber.

Das schöne Haus der Sorge, das ihm schon beim Einzug »zu sehr nach Tod roch«, brachte kaum zu überwindende Schicksalsschläge. 1914 erkrankte sein dreijähriger Sohn Martin an Hirnhautentzündung. Im gleichen Jahr brach der Weltkrieg aus, zu dem sich Hesse freiwillig meldete, aber für untauglich erklärt wurde. 1915 gründete er die Bücherzentrale der deutschen Kriegsgefangenenfürsorge. Bei seiner Frau verstärkten sich die Symptome einer Gemütskrankheit. 1916 starb sein Vater. Hesse unterzog sich damals als erster deutscher Dichter einer psychoanalytischen Therapie. 1918 mußte seine Frau in eine Heilanstalt überwiesen werden. 1919 verließ er »das verzauberte Haus« in Bern und übersiedelte mit wenigen Habseligkeiten in das Tessin.

Abb. 35
»Haus Sonnmatt«, Luzern,
in dem sich Hermann Hesse
bei Dr. Joseph Berhard Lang
einer psychotherapeutischen
Behandlung unterzog
(1996)

Abb. 34
Das »Welti-Haus« in Bern
(Sommer 1996)

ZÜRICH

LEBENSHUNGER DES FÜNFZIGJÄHRIGEN

Abb. 36
»Maskenball«,
Aquarell von
Hermann Hesse
(1926)

Erstmals in seinem Leben besuchte Hesse 1926 während seiner Winteraufenthalte in Zürich Maskenbälle im Hotel »Baur au Lac«, das immer noch existiert. Einer seiner Freunde, der Bildhauer Hermann Hubacher erinnert sich: »Hesse mit etwas sauersüßer Miene schaute sich den Rummel eher skeptisch an, bis eine reizende Pierrette ihn erkannte und sich mit Schwung auf seine Knie setzte. Und siehe da, unser Freund war, Parti pour la gloire!… Das übermütige Balltreiben nahm seinen Lauf. Jeder war mit sich und den anderen beschäftigt. Der Morgen graute schon: Aber wo ist Hesse? Ist er uns davongelaufen?… Da siehe, kommt in aufgeräumtester Laune unser Hesse wieder, frischer als wir alle, springt er auf den Tisch und tanzt uns einen ›Wonnestep‹ vor, daß die Gläser klirren… Am folgenden Tag erhielt ich von Hesse ein Dankbriefchen mit dem melancholischen Schluß: ›Was habe ich auch für Freunde, daß sie mich jahrzehntelang so herumlaufen lassen, ohne daß ich wußte, was ein Maskenball ist.‹«[9]

Hesse schrieb 1926 am zweiten Teil des *Steppenwolf* und hatte hier wie in Basel, die Erlebnisse seines Harry Haller gesammelt. »Es ist unsinnig, etwas schreiben zu wollen, was man nicht erlebt hat«, stellte er 1931 fest.

Der Dichter hatte vor seinen Ballbesuchen sogar einen Kurs in der Züricher Tanz-Akademie »Traber-Amiel« belegt. »Ich sehe mir dabei zu, wie der weise Autor des ›Siddhartha‹ den Foxtrott schreitet und seine Weibchen an sich drückt. Aber es geht jeder Fortschritt den Weg übers Irrationale, Dumme und Verrückte oder Kindische, ich bin ganz damit einverstanden«, schrieb er am 10. Februar 1926 an Anny Bodmer, die Frau seines Locarneser Arztes Hermann Bodmer. Es sei hervorgehoben, daß es sich hier nicht um seinen Mäzen Dr. H. C. Bodmer handelt, in dessen Haus »Zur Arch« in der Bärengasse, das heute etwas verloren zwischen den hohen Häusern steht und in dem sich das Wohn- und Puppenmuseum der Sasha Morgenthaler befindet, Hesse oft zu Gast war. Dort saß er »an einem Frühlingsabend des Jahres 1930. Wir plauderten und die Rede kam auch auf Häuser und Bauen, und auch meine gelegentlich auftauchenden Häuserwünsche wurden erwähnt. Da lachte plötzlich Freund Bodmer mich an und rief: ›Das Haus sollen Sie haben!‹«[10] Ein gutes Jahr später konnte Hesse das neue Domizil in Montagnola beziehen.

Den *Steppenwolf*, in Basel begonnen, vollendete er 1927 in Zürich, denn in den Wintermonaten zog er ein gutgeheiztes Quartier der kalten Palazzo-Wohnung in Montagnola vor. So nahm er das Angebot eines anderen Gönners, des kaufmännischen Direktors des Warenhauses Jelmoli in Zürich, Fritz Leuthold und dessen Gattin Alice, an, bei ihnen Im Schanzengraben 31 (das Haus steht leider nicht mehr) zu wohnen. Von 1925 bis 1932 war er ihr Gast.

Ein Jahr, bevor er zum erstenmal sein Winterquartier in Zürich bezog, heiratete er Ruth Wenger, von der er am 26. April 1927 wieder geschieden wurde. Im Scheidungsurteil hieß es u.a.: »Der Beklagte habe eine Neigung zur Einsiedelei, könne sich nicht nach anderen Menschen richten, hasse Gesellschaftlichkeiten... Die Klägerin hingegen ist jung und lebensfroh, liebe geselligen Verkehr...«

Erstaunlich, daß Hesse gerade in dieser Zeit seine »gesellschaftlichen Höhepunkte« erlebte. Doch war es nicht nur ein halbherziges Ausbrechen aus seiner Einsamkeit, sondern vielmehr eine Krise, die er meistern mußte, um seinen »Eigensinn« wieder zu finden, worin ihn der Psychoanalytiker C. G. Jung bestärkte. Wie oft mag Hesse ihn wohl in Küsnacht am Zürichsee in der Seestraße 228 konsultiert haben? Vor Jahren schon hatte er festgestellt, daß Psychoanalyse nicht ein Glaube oder eine Philosophie, sondern ein Erlebnis ist. Er verstand es mit der Zeit, dieses Erlebnis »bis auf den Grund auszukosten«, um sein Leben besser in den Griff zu bekommen.

Noch eines scheint erwähnenswert. Gerade in dieser turbulenten Zeit lernte er 1926 – auf dem Papier noch mit Ruth Wenger verheiratet – seine dritte Frau Ninon persönlich kennen, die ihm seit ihrem vierzehnten Lebensjahr Briefe geschrieben hatte.

»Heute, während der fatale Lebenshunger des Fünfzigjährigen mir zu schaffen macht, hoffe ich auf die Zeit nachher, auf die Stille und Abgeklärtheit jenes Alters, das jenseits der kritischen Jahre liegt«, schrieb Hesse 1927.

Abb. 37
Haus »Zur Arch« in Zürich
(Frühherbst 1996)

Abb. 38
C. G. Jung Haus in Küsnacht
(Sommer 1996)

FREUNDE

Des Lebens Ruf an uns wird niemals enden

Über den Vierwaldstätter See hatte Hesse 1900 bei der Entstehung von *Hermann Lauscher* geschrieben: »… Was mein Auge so begeistert, ist einzig die Schönheit dieses klaren Wassers, das von Blauschwarz übers Grün und Grau bis zum silbernsten Silber jeder Farbe und Nuance fähig ist.«

Dort, hoch über der Ortschaft Brunnen, steht noch das Haus, in dem Hesse, in den ersten Jahrzehnten des 20. Jahrhunderts, ein und aus ging. Es ist die 1880 erbaute »Villa Ruhheim«, in der Othmar Schoeck (1. September 1886 – 8. März 1957), Hermann Hesses bedeutendster Musikfreund, lebte.

Der Teil der Villa, der zu dem häßlich verschachtelt angebauten Hotel »Eden« gehört, fristet sein Altersdasein als Geisterhaus. In den ehemals prunkvollen Räumen wüten die Spinnen im Staub. Wertvolle Ölbilder von Othmar Schoecks Vater Alfred verkommen hinter einer jahrealten Ruß- und Dreckschicht. In den oberen Räumen des Hauses »Ruhheim« wacht jedoch der Neffe von Othmar Schoeck, Dr. Georg Schoeck, daß die Welt seines Onkels gepflegt und so erhalten bleibt wie zu den Zeiten, in denen Hermann Hesse bei der Künstlerfamilie ein gern gesehener Gast war.

Von Anfang an fühlte sich Hesse bei den Schoecks wohl. Besonders Othmar hatte es ihm angetan: »Dieser Mann konnte nicht nur vorzüglich musizieren und sich in alle anderen Künste spielend hineinfühlen, er konnte nicht bloß Frauen charmieren und mit Genuß ein gutes Bankett mitmachen (ja nachts drei Uhr nach reichlichem Bankett und vielen Gläsern

Abb. 40
Hermann Hesse (um 1907)

Abb. 39 (Seite 28/29)
Vierwaldstätter See von
Brunnen aus gesehen
(Sommer 1996)

Wein, mit der brennenden Zigarre im Mund, auf den Händen durch den ganzen Speisesaal marschieren!) – nein, er konnte auch weitgehend sich seine Fähigkeiten, seine Konflikte und Probleme bewußt machen, und konnte manchmal (es klingt komisch, aber es stimmt) geradezu: denken, und das ist bei Künstlern ebenso selten wie bei anderen Menschen.«[11]

Solche urwüchsigen Persönlichkeiten zogen Hesse in den Bann, denn er sah in ihnen einen Teil seines Selbst, zugleich aber auch Vorbilder, die ihm halfen, aus seiner »Weltfremdheit« auszubrechen: »... was mich an Schoeck erfreute und mir ihn so wertvoll machte, war das Nebeneinander und die Spannung von Gegensätzen in seinem Wesen, das Beieinander von Robustheit und Leidensfähigkeit, das Verständnis für die naivsten Freuden, gepaart mit dem Verständnis fürs Geistige, die hohe und nicht schmerzlose Differenzierung der Persönlichkeit, die sinnliche Potenz im Verein oder auch im Kampf mit der geistigen...«

Freunde, oder solche, die sich dafür hielten, hatte Hermann Hesse wie Sand am Meer. Wenige unter ihnen aber wurden von ihm selber als solche bezeichnet. Freundschaften mit Schriftstellern waren in Hesses Leben äußerst selten. Auch mit Thomas Mann, den Hesse sehr schätzte, entwickelte sich eine eher distanzierte Beziehung.

Vorwiegend waren es Musiker und Maler, aus denen sich sein Freundeskreis zusammensetzte. Ihr anders geartetes Interessenspektrum, ihr intuitives Verstehen machte den Austausch von Meinungen unkomplizierter.

Schließlich kamen noch die Briefschreiber hinzu, von denen sich viele als seine Freunde ausgaben (ca. 35 000 Briefe hat Hermann Hesse im Verlauf seines Lebens geschrieben).

Wenn hier drei Freunde vorgestellt werden, so wird diesen kein besonderer Rang eingeräumt. Sie sollen beispielgebend für den Typ »Freund« sein, den Hesse schätzte.

Den Komponisten Othmar Schoeck hatte Hesse durch Dr. Alfred Schlenker kennengelernt, einem Zahnarzt und Komponisten, für den Hesse 1910 den Text zu einer lyrischen

Oper mit dem Titel »Die Flüchtlinge« schrieb. Dieser stellte Hesse Othmar Schoeck bei der Uraufführung dessen Werkes »Der Postillion« in Zürich vor. Sie kamen ins Gespräch und entdeckten dabei ihre Vorliebe für Hugo Wolf, »den wir beide glühend liebten«.

Bald darauf begann Othmar Schoeck, einige Hesse-Gedichte zu vertonen. Hesse, dem andere Vertonungen kaum gefielen, erinnert sich: »In Schoecks Vertonungen ist nirgends das leiseste Mißverständnis der Texte, nirgends fehlt das zarteste Gefühl für Nuancen, und überall ist fast mit erschreckender Sicherheit der Finger auf das Zentrum gelegt, auf jenen Punkt, wo um ein Wort oder um die Schwingung zwischen zwei Worten sich das Erlebnis des Gedichtes gesammelt hat.«[12]

Aus dieser künstlerischen Gemeinsamkeit entwickelte sich eine lebenslange Freundschaft. Bei Schoeck brauchte sich Hesse nicht zu verstellen. Beide akzeptierten sich, so wie sie waren, und saßen in der »Villa Ruhheim« oft »stundenlang in fürchterlichem Zigarrenqualm und stritten miteinander und schrien einander an in den heftigsten Diskussionen über Politik und über Religion und Kunst, es ging oft großartig wild zu…«

Abb. 41
Othmar Schoeck (um 1910)

Abb. 42
Die Villa »Ruhheim« in Brunnen (Sommer 1996)

Abb. 43
Gunter Böhmer (um 1955)

Abb. 44
Hesse-Portrait von
Gunter Böhmer

Ebenso gut verstand sich Hesse mit dem 34 Jahre jüngeren Maler Gunter Böhmer, geboren am 13. April 1911.

Der Student, der in Berlin bei Emil Orlik und Hans Meid freie Grafik belegte, sah bereits als Fünfzehnjähriger Aquarelle von Hesse und las in Zeitungen einige seiner Betrachtungen über Malerei, die ihn nicht mehr losließen. Drei Jahre später schrieb er einen Brief an Hermann Hesse, den er aber erst 1932 als Einundzwanzigjähriger abzusenden wagte: »Keiner hat unsere Nöte und Qualen, unsere heimlichen Leiden und wehmütigen Freuden im Innersten so nachempfunden und gestalten können wie Du, niemand hat uns so väterlich verstehend aus unseren seelischen Verwirrnissen in klare schöne Gefilde geleitet, niemand hat uns auch so offen und zart über das Aufblühen unserer ersten jugendlich-scheuen Liebe gesprochen, und niemand hat uns feinfühliger in unser eigenes Herz blicken heißen... Wie fein hast Du uns auch das träumende Wandern gelehrt, das rhythmische Empfinden und das innige Betrachten der kleinsten Gräser, der Wolken, der Sterne – aller Natur!«[13]

Gleich im ersten Brief bot er Hesse an, Radierungen zu seinen Büchern anzufertigen. Die ungewöhnliche Qualität von Böhmers Arbeiten, seine Hingabe, die Entschlußfreudigkeit des Briefschreibers machten Hesse neugierig. Innerhalb von zwei Tagen antwortete er dem jungen Maler: »Es ist Ihnen gelungen, mir eine Freude zu machen, das schätze ich hoch, es ist selten...« Und höchst selten war auch, daß Hesse diesen Unbekannten einlud, bei ihm vorbeizuschauen.

Nach Beendigung des Studiums reiste Böhmer sofort nach Montagnola. Hesse, der bereits seit zwei Jahren in der »Casa rossa« wohnte, quartierte ihn am 5. Mai 1933 in das Dachgeschoß der Casa Camuzzi ein. Er schrieb einen Monat später an Helene Welti: »Seit Anfang Mai wohnt im alten Camuzzi-Haus im Dorf, wo ich so lange wohnte, ein ganz junger Maler aus Dresden, ein sehr lieber, unverdorbener und feiner Mensch und technisch eine sehr große Begabung, er zeichnet entzückend...«[14]

Böhmer blieb bis Dezember 1933, zumal sich durch Hesses Vermittlung ein Auftrag nach dem anderen einstellte. Nachdem er kurze Zeit in Deutschland war und die Anfänge der »Machtergreifung« miterlebte, kam er schnell wieder nach Montagnola zurück. »Seither hat Böhmer, mit einigen Unterbrechungen, Jahr um Jahr im Dorf Klingsors und in dessen Palazzo gehaust und hat, wie Klingsor, um den Geist dieser Landschaft und um den malerischen Ausdruck für diesen Geist gekämpft, asketisch und besessen wie sein Vorgänger«, schrieb Hesse in einem Vorwort zu einer von Böhmer illustrierten Klingsor-Ausgabe, die durch die Kriegswirren jedoch nicht erscheinen konnte.

Hesse sah in Böhmer seinen malenden Nachfolger in der Casa Camuzzi, der es noch dazu besser machte als er. Seine Freundschaft war ihm gewiß. Gunter Böhmer hat bis an sein Lebensende zahlreiche Bücher Hesses illustriert und die meisten Portraits von ihm angefertigt.

Bis zum Jahr 1994 konnte man sein Atelier, in das er 1933 umgezogen war, unverändert bewundern. Dafür sorgte seine Frau Ursula – eine begabte Gobelinweberin –, die nach Böhmers Tod am 8. Januar 1986 gewissenhaft darum bemüht war, alle Dinge an ihrem Ort zu belassen.

Nach dem Verkauf der Casa Camuzzi räumte sie das Atelier und zog aus. Am 20. Juni 1995 ist auch sie gestorben. Das Urnengrab des Ehepaares Böhmer befindet sich fast in Sichtweite von Hesses Grabstätte auf dem Friedhof San Abbondio.

Stellvertretend für die vielen »stillen Freunde«, die Briefschreiber, die Hesse niemals belästigten, ihn niemals aufgesucht haben und von deren Neigung zu diesem Dichter man nichts wußte, sei Heinz Rühmann genannt. Hesse gab dem sensiblen Schauspieler Lebenshilfe. Von einigen seiner Gedichte schickte er Rühmann Widmungsexemplare: Gedichte wie Im Nebel, Stufen oder Der alte Mann und seine Hände fehlten bei keinem der in den achtziger Jahren berühmt gewordenen Rezitationsabende Heinz Rühmanns.

Wenige Monate vor seinem Tod war es Rühmanns größter Wunsch, Montagnola zu sehen, im Garten der Casa Camuzzi zu stehen, unter dem kleinen Balkon, wo Hesse den Farbenzauberer Klingsor malen ließ.

Der Augenblick, in dem der Hesse-Freund Heinz Rühmann im Park der Casa Camuzzi Abschied nahm und leise die Verse des berühmten *Stufen*-Gedichtes rezitierte, bleibt mir unvergessen:
»… des Lebens Ruf an uns wird niemals enden…
wohlan denn, Herz, nimm Abschied und gesunde!«

Abb. 46
Im Atelier von Gunter
Böhmer (Casa Camuzzi,
1993)

Abb. 47
Auf Gunter Böhmers
Zeichentisch

Abb. 45
Heinz Rühmann mit seiner
Gattin vor der Casa Camuzzi

Wanderungen

Voll Torheit und Sommerduft

*Abb. 48
»Madonna d'Ongero«, Aquarell von Hermann Hesse (1923)*

»Nächst Büchern, Wein und Weibern weiß ich nur ein Vergnügen: Wandern«, schrieb Hermann Hesse bereits 1901 als Vierundzwanzigjähriger.

Nichts kann man intensiver nacherleben als seine Wanderungen auf der Collina d'Oro, die er u. a. in Erzählungen wie *Klingsors letzter Sommer* schilderte.

Häufig waren diese Wanderungen auch Malausflüge, zu denen er manchmal seine Söhne – hauptsächlich Bruno – oder Gunter Böhmer mitnahm. Ausgerüstet mit Rucksack, Proviant, Farbkasten und Aquarellpapier, dem Klappstühlchen unter dem Arm, war er oft von morgens bis abends – oder, wenn ein Grotto in der Nähe war, bis spätabends – unterwegs.

Aus der Vielzahl der Orte, die Hesse einst als Wanderer kennenlernte, sollen einige wenige vorgestellt werden.

Eines der Dörfer, das er wohl am liebsten aufsuchte, dürfte Carona – in *Klingsor* Kareno genannt – gewesen sein, denn dort wohnte die »Königin der Gebirge«, Ruth Wenger, die 1924 seine zweite Frau wurde. »…Hier mußte es sein, hier wohnte sie. Das Haus schien aber ohne Tor zu sein, nur rosig gelbe Mauer mit zwei Balkonen, darüber am Verputz des Giebels eine alte Malerei: Blumen blau und rot und ein Papagei…«

Das im Volksmund als »Papageienhaus« bezeichnete Gebäude blieb unverändert erhalten, wie das Dörfchen selbst noch Klingsors Traum träumt. In unmittelbarer Nähe von Carona, tief im Kastanienwald versteckt, findet man auf einer Anhöhe einen der bevorzugten

*Abb. 49
Die Wallfahrtskirche, wie sie sich heute präsentiert (1996)*

*Abb. 50
Das »Papageienhaus« (1996)*

Lieblingsplätze Hermann Hesses, an dem die Zeit vorüber ging. Es ist die aus dem 18. Jahrhundert stammende Wallfahrtskirche Madonna d'Ongero. Am schönsten ist es, wenn man den Berg und das Kirchlein in der untergehenden Sonne besucht. »Dieser abendliche Weg tut wohl, er erregt die Seele nicht, noch erheitert er sie, er ruft ihr nichts zu, er ist schweigsam wie sie, dämmernd wie sie, fromm wie sie… Plötzlich mündet der Weg in eine breite, stolze Rampe, die zwischen zwei Reihen von Stationshäuschen zur Madonna hinaufführt…, einer in hellem warmen Rotgelb dämmernden Vorhalle entgegen… Es gibt viel Schönes auf Erden, Schöneres als dies gibt es nicht. Zu Füßen, vor der kleinen Mauer, stürzt der waldige Berg steil in ein kleines, friedvolles, schon nächtiges Wiesental hinab…« So schwärmt Hesse 1923 in seiner Beschreibung *Madonna d'Ongero*.[15] Im gleichen Jahr hat er die Kirche gemalt.

Überhaupt haben es ihm die Kirchen angetan. Es gibt wohl kein Gotteshaus auf dem »Goldenen Hügel«, und sei es noch so klein, das er auf seinen Wanderungen nicht gemalt hat. Agra, Grancia, Muzzano, Ciona, Bigogno… »Liebe Kirchen im Tessin, liebe Kapellen und Kapellchen, wie viel gute Stunden habt ihr mich bei euch zu Gast gehabt! Wie viel Freude habt ihr mir gegeben, wie viel guten kühlen Schatten, wie viel Beglückung durch Kunst, wie viele Mahnung an das, was not tut, an eine frohe, tapfere, hellaugige Lebensfrömmigkeit!… Ihr gehört zu diesem Lande wie Berge und Seen, wie die tiefgeschnittenen wilden Täler, wie das launische spielerische Geläut euerer Glockentürme, wie der schattige Grotto im Wald…«[16]

An keiner dieser Waldschenken konnte er vorbeigehen. Man sagt, es gebe von ihm ebensoviel Aquarelle von Grotti wie von Kirchen. Sein Lieblingsgrotto war das »Cavicc« zwischen Montagnola und Gentilino, zehn Minuten vom Friedhof San Abbondio entfernt. Es existiert noch, allerdings in einer Reihe von modernen Wein- und Nachtlokalen. Der Romantik des Grotto Cavicc tat dies aber keinen

Abb. 51
Hermann Hesse beim Malen

Abb. 52
»Grotto«, Aquarell von Hermann Hesse (um 1920)

35

Abbruch, obwohl sich weder der Besitzer noch die Gäste an Hermann Hesse erinnern. »Tief in den Wäldern, schön und geheimnisvoll, liegen unsere Schatzkammern, die kühlen kleinen Weinkeller der Bauern, wo am Feiertag und etwa auch am Abend bei der Boccia-Bahn freundliche Menschen ein Glas Landwein trinken, ein Stück Brot essen und miteinander plaudern. Hier verglühen mir manche warme, stille, nachdenkliche Abende voll Torheit und Sommerduft, voll Wehmut und Einsamkeit, voll Gedanken und Kinderei.«[17]

Ab und zu wanderte Hesse auch zum Luganer See hinunter und ging in die von ihm nicht sehr geschätzte Touristenstadt. »Viele Jahre komme ich nun in diese Stadt am See, habe oft monatelang in ihr gelebt, aber niemals war es mir eingefallen, mich einmal zu den Bummlern auf eine dieser langweiligen Bänke zu setzen. Jetzt habe ich es gelernt, und heute saß ich eine ganze Stunde dort, im Mittag, beinahe ganz allein. Durch die Blendung blinzelnd, sah ich hinter der Ufermauer den blauen See mit Lichtern und mit tief blaugrünen Streifen schimmern…«[18]

Auch das malerische Morcote liebte er sehr, doch wurde ihm in den letzten Jahren der Besuch durch die vielen Fremden verleidet. Nach seinem 85. Geburtstag wagte er es, mit Ninon und seiner Lieblingsnichte Trudel Hanßum einen Autoausflug dorthin zu unternehmen. Dieser kleinen Reise käme wohl wenig Bedeutung zu, hätte nicht seine Nichte Fotos gemacht, die zu einem zweifachen Dokument wurden. Es ist eine Serie der ersten Farbfotos, die es von dem Dichter gibt (abgesehen von der Aufnahme, die Martin Pfeiffer am Julier-Paß machte – Seite 44), und das Bild von Hermann Hesse mit Ninon ist wohl das letzte vor seinem Tod entstandene und bisher unveröffentlichte Foto.

Er stieg mit Trudel Hanßum und seiner Frau die 408 ausgetretenen Stufen hoch zum Bergfriedhof und zur Kirche Maria del Sasso, die zu den schönsten Gotteshäusern der Welt zählt. Liebende, so sagt man, die Hand in Hand hinaufgehen und sich auf jeder zehnten Stufe küssen, können gewiß sein, daß sie das Schicksal niemals trennen wird…

Abb. 54
Luganer See
(1993)

Abb. 53
Hermann Hesse mit Ninon vor dem Bergfriedhof »Maria del Sasso« – Morcote, letztes Farbfoto vor seinem Tod
(1962)

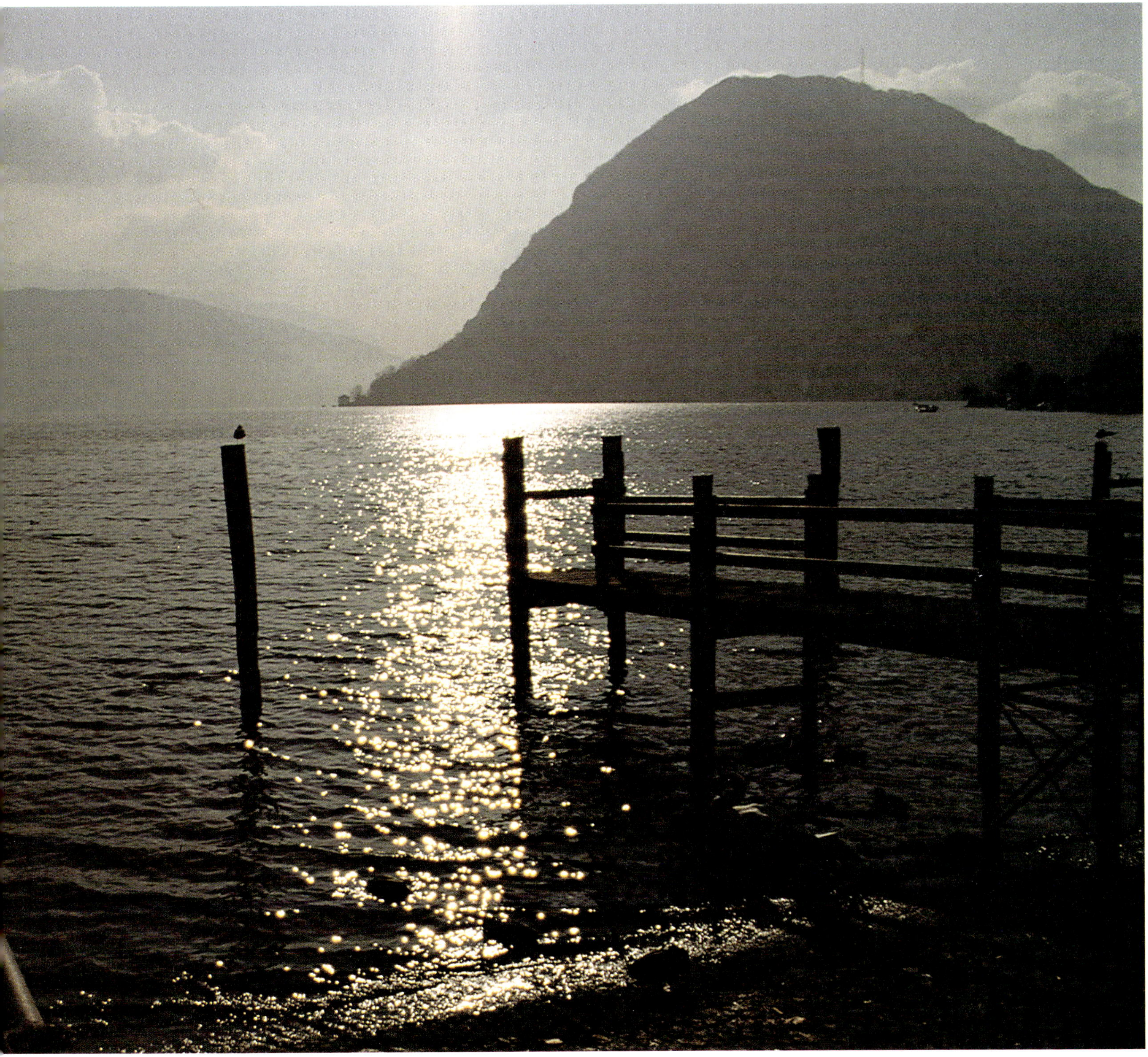

Baden bei Zürich

Zwischen lässigem Müssiggang und intensiver Arbeit

Abb. 55
Franz Xaver Markwalder begrüßt Hesse vor dem Eingangstor des »Verenahofes«

Abb. 56
Das Hesse-Zimmer

Dort, wo aus 3000 Metern Tiefe das Wasser nach 30 000 bis 50 000 Jahren dauernder Verweilzeit mit ca. 46 Grad Wärme aus dem felsigen Boden sprudelt, befindet sich der weltberühmte Kurort Baden bei Zürich. Im letzten Jahrtausend vor Christus entdeckten die Helvetier noch vor den Römern die Thermen.

Über diesen Thermen wurde im 19. Jahrhundert der »Verenahof« gebaut, in dem sich Hermann Hesse in den Jahren 1923–1952 gegen Gicht und Ischias behandeln ließ. Das Haus hat sich seit Hesses Zeiten – dank der stilvollen Renovierung – kaum verändert.

Dr. Ursula Kienberger, die Tochter von Dr. Josef Markwalder, dem Kurarzt, der Hesse ständig betreute, und ihre Cousine Paula Markwalder erinnerten sich 1996 noch sehr gut an den berühmten Gast. Franz Xaver Markwalder war der Hotelier und Besitzer des »Verenahofes«. Beiden, dem Arzt sowie dem Hotelier, widmete Hesse 1923 sein amüsantes Buch *Kurgast*. Vergleichen wir anhand des Inhaltes das Damals und Heute:

»Ein Hotelzimmer zu nehmen, ist für normale Menschen eine Kleinigkeit… Für unsereinen aber, für uns Neurotiker, Schlaflose und Psychopathen wird dieser banale Akt, mit Erinnerungen, Affekten und Phobien phantastisch überladen, zum Martyrium…!« Bis das richtige Zimmer für den lärmempfindlichen Hesse gefunden war, vergingen Jahre, wie Paula Markwalder weiß. Erst bei den letzten Aufenthalten, als er vom »Verenahof« in den ersten Stock des angeschlossenen »Ochsen« zog und dort einen Salon und ein Schlafzimmer bewohnen konnte, war er zufrieden. Den Salon, der als »Hesse-Zimmer« ausgewiesen wird, kann man besichtigen; er dient jetzt als Konferenzzimmer.

»Als Hesse noch im ›Verenahof‹ wohnte«, erzählt Dr. Ursula Kienberger, »kam sein Zimmernachbar einmal spät nach Hause, begann seine Stiefel auszuziehen und warf den ersten gegen die Wand. Da fiel ihm ein, daß er versprach, Rücksicht auf den lärmempfindlichen Schriftsteller zu nehmen. Leise schlüpfte er aus dem zweiten Stiefel heraus. Am nächsten Morgen fragte er Hesse, ob er gut geschlafen hätte. Hesses Antwort: ›Ich habe die ganze Nacht wach gelegen und darauf gewartet, daß sie den zweiten Schuh an die Wand knallen.‹«

Sehr skeptisch sah Hesse der Konsultation mit Dr. Markwalder entgegen, den er flüchtig bereits in Basel kennengelernt hatte. »…und siehe, ich wurde nicht enttäuscht… Er versagte nicht, ich wurde verstanden und anerkannt…, als Suchender, als Denker, als Antipode, als Kollege von einer anderen, weit entlegenen, aber ebenfalls voll gültigen Fakultät… und jetzt stieg meine gute Laune. Mochte es nun mit… der Kur gehen wie es mochte, ich war nicht den Barbaren ausgeliefert, ich stand einem Menschen, einem Kollegen, einem Manne von elastischer und differenzierter Mentalität gegenüber!«

Hesse fand im »Verenahof« Menschen, denen er vertrauen konnte, ja, die ihn inspirierten, denn rückblickend stellte er fest, daß er hier zur Einkehr und Selbstprüfung fand »auf der Mitte des Weges von ›Siddhartha‹ zum ›Steppenwolf‹, eine Stimmung von Zuschauertum der Umwelt wie der eigenen Person gegenüber, eine ironisch spielerische Lust am Beobachten und Analysieren des momentanen, eine Schwebe zwischen lässigem Müßiggang und intensiver Arbeit.«

Paula Markwalder wußte ein Lied davon zu singen, wie mürrisch Hesse am Vormittag sein konnte. Hatte er doch selber geschrieben: »Der Morgen, die berühmte Zeit der Frische, des Neubeginns, des jungen freudigen Antriebs, ist für mich fatal, ist mir unverdrießlich und peinlich, wir lieben einander nicht.«

»Trotzdem war er meistens der erste in der Badezelle. Wenn er dann mit seinem weißen Kapuzenbademantel durch die unterirdischen Gänge schlurfte, sah er aus wie ein Gespenst, das von der Nacht übrig geblieben war«, erzählt Frau Markwalder. Obwohl dem »Verenahof« seit einigen Jahren eine moderne Badelandschaft angeschlossen ist, gibt es immer noch die romantischen unterirdischen Gewölbegänge und die Badezellen, die Hesse im *Kurgast* beschrieb: »In meiner reservierten Badezelle erwartet mich das tiefe, in den Boden versenkte, gemauerte Bassin voll heißem, eben aus den Quellen geronnenen Wassers... und ich tauche bis zum Kinn in das heiße strenge Wasser, das ein wenig nach Schwefel riecht. Hoch über mir, am Tonnengewölbe meiner gemauerten Zelle, die mich sehr an eine Klosterzelle erinnert, fließt Tageslicht dünn durch die Fenster..., dort oben, ein Stockwerk höher als ich... liegt die Welt, fern, milchig, kein Ton von ihr erreicht mich, und um mich her spielt die wunderbare Wärme...«

Hatte Hesse einen besonders guten Tag, dann fragte er bei Franz Xaver Markwalder an, ob man sich am Abend in Nr. 1 treffen könnte, dem Familienzimmer, in das ihn die Markwalders schon am Abend seines ersten Kuraufenthaltes eingeladen hatten: »Daß auch der Abend meines ersten Kurtages schön und freundlich verlief und zu seiner Blüte kam, ist der Verdienst meines Wirtes. Das Abendessen, das sich zu meinem Erstaunen als ein Festmahl edlen Stils entfaltete, brachte solche gaumenschmeichelnde, mir seit Jahren nicht mehr bekannte Platten wie Gnocchi mit Geflügelleber, Irish Stew, Erdbeereis. Und später saß ich bei einer Flasche Rotwein, mit dem Hausherrn in lebhaften Gesprächen in einer schönen altertümlichen Stube...«

Hesse schildert dann den Tagesablauf. Er ironisiert die Schlemmereien, ob sie nun zum Schaden für seinen und der anderen Kurgäste Stoffwechsel sind, weiß er nicht genau, jedenfalls bringen ihn beim Mittagessen die Beine der jungen Saaltöchter in schwarzen Strümpfen, »die ganz ohne Kur von selber so schlank und beweglich wurden«, zum Nachdenken. Nachdenklich, heiter und auch ab und zu sarkastisch läßt er sich über die anderen Kurgäste aus, die er in »spielerischer Lust am Beobachten« analysiert. Er analysiert auch sein eigenes Kurgastleben – nicht immer zum Positiven –: »Es kam ein Tag, da war mir alles so entleidet, daß ich vollkommen liegen blieb und nicht einmal zum täglichen Bad zu haben war.

Ich streikte, ich blieb einfach liegen, nur einen Tag lang, und vom nächsten Tag an ging es besser.«

Im Rückblick zieht er Bilanz und stellt schließlich fest, daß er nach wie vor ein Mann mit Ischias geblieben sei, »aber er hat sie, nicht sie ihn«.

Beim Abschied von Franz Xaver Markwalder war er der Meinung, daß er vielleicht doch nicht mehr zu kommen brauche, denn es bestehe doch Aussicht auf Heilung. Da lächelte der Hotelier nur: »Sie werden wiederkommen. Alle kommen sie wieder, geheilt oder ungeheilt... Das nächste Mal sind sie schon Stammgast.«

Er kam wieder! Hesse äußerte sich Jahre später: »Vieles hatte ich seit zweieinhalb Jahrzehnten in diesem Haus erlebt, vieles gesonnen und geträumt, vieles geschrieben. In der Schublade meines Hotelschreibtisches waren die Manuskripte des ›Goldmund‹, der ›Morgenlandfahrt‹, des ›Glasperlenspiels‹ gelegen, Hunderte von Briefen, von Tagebuchblättern

Abb. 57
Der »Verenahof«
(Spätsommer 1996)

und einige Dutzend Gedichte waren in den Zimmern, die ich hier bewohnt hatte, entstanden...«

Hesses zweitältester Sohn Heiner folgt den Badespuren seines Vaters. Er genießt immer wieder die wohltuenden Thermen des »Verenahofes«, den sein Vater im *Kurgast* den »Heiligenhof« nannte, wohl wegen der Schweizer Heiligen »Verena«, die hoch über dem Giebel des Hotels das ständig wiederkehrende Kommen und Gehen der Kurgäste überwacht. Ihr legte Hesse die Verse in den Mund:
»›Ubi aqua, ubi bene‹
Spricht die Heilige Verene.
›Wenn du genug von der Tortur hast,
So komm hierher und werde Kurgast.
Flüchte aus des Lebens Lärme
In die Wärme dieser Therme.‹«

MARIN

WIR HABEN IHN!

*Abb. 58
Parkansicht des Maison de Santé de Préfargier
(Sommer 1996)*

Im Maison de Santé de Préfargier, einem herrlichen Schloß am Rande von Marin am Lac de Neuchâtel, umgeben von einem 30 Hektar großen gepflegten Park, lebte Hesse vom 28. Oktober 1946 bis 12. Februar 1947. Außer Ninon, die sich während dieser Zeit in Zürich aufhielt, und ein paar Freunden wußte niemand von diesem Aufenthalt. Nicht einmal seine Söhne konnten ahnen, daß sich ihr Vater freiwillig in eine Nervenheilanstalt begeben hatte, um dem Rummel, den eine zu erwartende Verleihung des Nobelpreises mit sich brachte, zu entgehen.

»Ich bin hier Gast eines Freundes, der einer Heilanstalt vorsteht, und lebe dicht am Rande der Anstalt, die ich wohl bald unter der Führung des Arztes näher werde kennenlernen«, heißt es verschlüsselt in der *Beschreibung einer Landschaft*.[19] Den ehemaligen Herrensitz bezeichnet er als ein »architektonisch schönes Gebäude, das mehrere Innenhöfe umschließt und, wie man mir sagt, eine sehr große Zahl von Patienten, Wärtern, Ärzten, Pflegerinnen, Handwerkern und Angestellten beherbergt«. Seitenlang schildert er dann seine Eindrücke des Parkes, in dem er unbehelligt kleine Spaziergänge machte.

Durch die Flucht hierher vermied er einen drohenden Zusammenbruch, denn er konnte weder den Enthusiasmus, noch den Haß, den man ihm und seinem Werk im Nachkriegsdeutschland entgegenbrachte, verkraften. Mit großer Skepsis hatte er im August 1946 den Goethepreis entgegengenommen. Er tat es eigentlich nur seinem Verleger Peter Suhrkamp zuliebe, der mit knapper Not eine KZ-Haft überlebt hatte.

Natürlich wußte Hesse, daß sich Thomas Mann schon vor vielen Jahren dafür eingesetzt hatte, daß er den Nobelpreis erhalten sollte. 1933 schrieb Mann an Fredrik Bööks vom Nobelpreis-Komitee: »Ich habe schon vor Jahr und Tag meine Stimme für Hermann Hesse, den Dichter des ›Steppenwolfes‹, abgegeben... Indem Sie ihn wählten, würden Sie die Schweiz, zusammen mit dem älteren, wahren, reinen, geistigen, ewigen Deutschland ehren. Die Welt würde das wohl verstehen und auch das Deutschland, das heute schweigt und leidet, würde Ihnen von Herzen danken.«

Als ihm dann am 12. Juni 1946 Robert Faesi schrieb, er habe aus einem Gespräch mit dem Lyriker und Sekretär der schwedischen Akademie Anders Oesterling erfahren, daß sich dieser einflußreiche Mann für die Preisverleihung einsetze, blieb ihm bei seiner Öffentlichkeitsscheu und seinem Widerwillen vor dem Kulturbetrieb nichts anderes übrig als sich mit ärztlicher Hilfe unsichtbar zu machen.

Der damalige Chefarzt des Maison de Santé de Préfargier, Dr. Otto Riggenbach (gestorben 1987), war schon seit mehreren Jahren mit Max Wassmer befreundet.

Vertrauensvoll wandte Hesse sich in einem Brief vom 9. September 1946 an ihn: »Im vollen Vertrauen auf... Ihre Diskretion richte ich eine Bitte an Sie... Auf Ende November suche ich für mich Unterkunft in irgendeiner Zuflucht, wo ein alter und sehr übermüdeter Mann, der mit den ihn seit langem überbürdenden und erschöpfenden Aufgaben nicht mehr fertig wird, Ruhe und Pflege finden kann... Geisteskrank bin ich nicht, leider nicht, die Flucht in den Wahn ist mir verwehrt, ich bin nur allzu klar... Was ich brauche, ist zunächst ein Abhängen der viel zu großen täglichen Belastung, der Sorgen, des Ärgers...«[20] Dr. Riggenbach war glücklich, diesem Mann Zuflucht gewähren zu können.

Hesse war »für die Welt nicht mehr erreichbar«, als am 10. November 1946 unbestätigte Meldungen aus Stockholm kamen, daß ihm der Nobelpreis sicher sei. Am 11. November schrieb er an Ninon: »Daß nun diese Sache über mir hängt, mit Stockholm, hat gerade noch gefehlt... Der Teufel hole den verfluchten Kram...« Am 14. November 1946 bestätigte Stockholm die Preisverleihung. Ninon, die sich mehr freute als ihr Mann, informierte ihn telefonisch: »Wir haben ihn!« Worauf er gesagt haben soll: »Ich gratuliere dir!« Am 15. November fährt sie nach Marin, um weitere Einzelheiten zu besprechen. Beide entscheiden, daß weder er noch sie nach Stockholm reisen, um den Preis persönlich in Empfang zu nehmen. Diese Aufgabe sollte dem Schweizer Gesandten in Stockholm, Dr. Henry Vallotton, übertragen werden.

An Thomas Mann schrieb Hesse am 19. November 1946: »Für Ihren Glückwunsch sowohl wie für Ihre Verdienste um das Zustandekommen des Stockholmer Entschlusses sage ich Ihnen den herzlichsten Dank und wollte, ich könnte es in einem Briefe tun, der Ihrer und des Anlasses würdiger wäre. Aber ich habe nun einmal seit einer Weile mein Flämmlein nur noch ganz klein brennen, oft scheint es ganz erloschen zu sein…«[21]

Den 10. Dezember 1946, den Tag der Verleihung des Literatur-Nobelpreises, der mit 34 000 Dollar dotiert war, verbrachte Hesse in Marin. Ninon war bei ihm. Sie wollten an diesem Abend Dr. Riggenbach und dessen Frau zu einem Abendessen einladen, irgendwo in einem netten Gasthaus in der Umgebung, wo ihn niemand kannte. Das Ehepaar Riggenbach schlug aber vor, den Abend bei ihnen zu Hause zu verbringen. Ein festlich familiärer Empfang erwartete Hesse. Es wurde musiziert, gesungen, rezitiert und man verteilte kleine selbstgemachte, auf Hesses Leben sich beziehende Geschenke: »Im schönen Speisezimmer gab es nun ein üppiges Essen auf schönem altem Porzellan, der Tisch voll Blumen, rote Primeln, Forellen, Huhn, schönen Wein etc. Beim zweiten Gang brachte der alte Aufwärter Léon ein Tablett und sagte, da seien eben noch einige Telegramme für mich gekommen. Der Doktor öffnete sie und las sie vor. Sie waren alle von ihm und seiner Frau ausgedacht, teils lustig, teils ernsthaft, einige sehr schön. Eines mit Bildern, kam angeblich vom König Gustav von Schweden. Eines kam aus dem Himmel und war von Knulp unterzeichnet, eines kam vom Berg Sinai aus der Arche und stammte vom letzten Europäer, eines kam aus Baden und brachte Nachrichten und Grüße vom Holländer etc., und ein schönes war von Turu, dem Sohn des Regenmachers.

So wurden wir von den lieben Leuten beschenkt und gefeiert, und ich war davon mehr gerührt, als ich es von der Feier in Stockholm hätte sein können.«[22]

In Stockholm sagte der Sekretär der schwedischen Akademie, Anders Oesterling, in seiner Verleihungsrede: »Die Hermann Hesse zuerkannte Auszeichnung ist also mehr als die Bestätigung des Ruhms. Sie will auch ein literarisches Schaffen ins rechte Licht rücken, das in seiner Gesamtheit das Bild eines guten Menschen zeigt, der gekämpft hat, der seiner Berufung mit beispielhafter Treue gefolgt ist und dem es gelang, in tragischer Zeit das Banner des Humanismus hochzuhalten.«

Am Vormittag des gleichen Tages schrieb Hermann Hesse an seinen Malerfreund Gunter Böhmer: »Heut ist in Stockholm der Klimbim, erst Nobel-Gedenkfeier in großer Gala, dann Bankett, wobei auch ein Spruch von mir verlesen werden soll…« In dem »Spruch« stellte Hesse u. a. fest: »… Damit, daß der mir verliehene Preis zugleich Anerkennung der deutschen Sprache und des deutschen Beitrags an die Kultur bedeutet, sehe ich eine Gebärde der Versöhnlichkeit und des guten Willens, die geistige Zusammenarbeit aller Völker wieder anzubahnen…« Wenige Tage später hielt Hesse die Goldmedaille und die handgemalte Verleihungsurkunde in Händen. Ob auf der linken Seite mit dem lyraspielenden Mann, dem eine Muse vor schneebedeckten Bergen einen Lorbeerzweig überreicht, der Preisträger gemeint ist, bleibt der Phantasie überlassen. Die rechte Seite zeigt einen gebeugten Alten im Herbste seines Lebens, den die irdischen Früchte seiner Arbeit ruhmreich überdauern werden.

In der heute noch bestehenden Nervenheilanstalt Préfargier gedenkt man des einst berühmten Gastes mit einer französischen Übersetzung der dort entstandenen *Beschreibung einer Landschaft*.

Abb. 59
Urkunde zum Literatur-Nobelpreis 1946

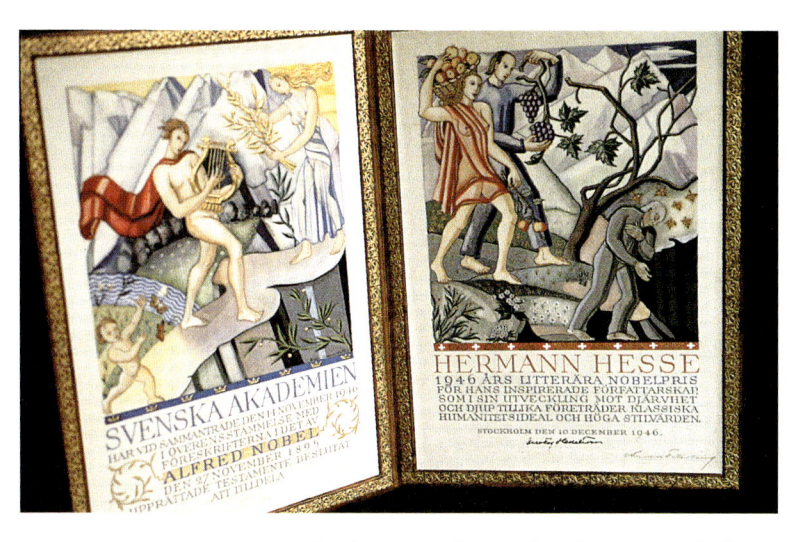

Abb. 60
Goldmedaille zum Nobelpreis

Sils-Maria

Urgemütlich und plauderhaft

Seit Friedrich Nietzsche 1881 Sils-Maria für seine Genesung und Inspiration entdeckt hatte, kamen sie alle in das kleine Dorf im Oberengadin.

Dort, »6000 Fuß über dem Meere und viel höher über allen menschlichen Dingen« (Nietzsche am 3. September 1883), wo er seinen *Zarathustra* schrieb, mußte etwas Befreiendes sein.

Rainer Maria Rilke, Marcel Proust, Albert Einstein, Max Reinhardt, C. G. Jung, Carl Zuckmayer, Richard Strauß, Otto Klemperer, Bruno Walter, Erich Kästner, John Knittel, Oskar Kokoschka, Marc Chagall, Thomas Mann, Richard von Weizsäcker, Theodor W. Adorno, Theodor Heuss, Friedrich Dürrenmatt, Ernst Jünger u. v. a. waren hier zu Gast.

Hermann Hesse besuchte 1905 das erste Mal Sils-Maria und wurde ab 1949 der treueste Gast des Hotels »Waldhaus«, das seit der Eröffnung 1908 im Familienbesitz steht und immer noch den Flair der Belle-Epoque vermittelt.

Für jeden Gast wurde im »Waldhaus« eine Karteikarte angelegt. So verraten uns die Eintragungen auf der Karte von Hermann Hesse, daß der »Literat« von 1949 bis 1961 jeden Sommer nach Sils-Maria kam, um der Tessiner Hitze und den Touristen zu entfliehen. Insgesamt wohnte er 370 Tage in seinem geliebten »Waldhaus«, in dem er auf der Belle-Etage stets die Zimmer 72/73 oder 61/62 belegte. Ninon und er schliefen getrennt.

In Hesses Zimmern, die geschmackvoll und im Stil der damaligen Zeit renoviert wurden, kann man wieder wohnen. Hatte sich der

Abb. 61
Das Hotel »Waldhaus«
in Sils-Maria
(Sommer 1996)

Abb. 62
Speisesaal im Hotel
»Waldhaus« (1996)

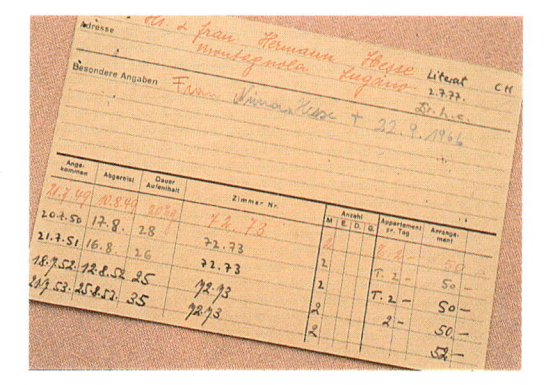

Abb. 63
Gästekarteikarte des Hotels
»Waldhaus« für Ninon und
Hermann Hesse

Dichter im ersten Jahr noch über die Ruhestörungen durch Jazzmusik und das Klaviergeklimper des Nachtwächters beklagt, so war er im Verlauf der Jahre voll des Lobes: »... Wir waren aus vielen Gründen hier, des Klimas und der Landschaft wegen, dann auch, weil ich dort im Hotel freundlich und sorgfältig behandelt wurde, mit Diät und Ruhe, aber auch weil wir dort jedes Jahr Leute trafen, die gleich uns immer wieder hinkamen und uns Freunde geworden sind...«[23]

Zu solchen Freunden zählten Thomas Mann, Theodor W. Adorno und der erste Präsident der jungen Bundesrepublik Deutschland, Theodor Heuss, mit dem Hesse gerne Spaziergänge unternahm. Bereits als historisch wertvoll kann man die Bank in unmittelbarer Nähe des Hotels »Waldhaus« bezeichnen, auf der sich Hesse und Heuß am liebsten aufhielten.

Obwohl die meisten seiner Freunde auch im Hotel logierten, aßen Hermann Hesse und seine Frau Ninon im Speisesaal meist allein. Erika Mann schrieb in ihren Erinnerungen »Das letzte Jahr«[24]:

»Im Speisesaal saßen Hesse und seine Frau nicht weit von uns, doch war es stillschweigend beschlossene Sache, daß man die Mahlzeiten gesondert einnahm. Erst nach Tisch, abends, kam man zusammen..., urgemütlich und plauderhaft, gesellig, ja galant, so kennen wir den ›Steppenwolf‹, dessen Weltscheu und Einsamkeitbedürfnis verfliegen, sobald er mit Freunden um den Tisch sitzt...«

Hesse wurde des öfteren als »sparsamer Schwabe« belächelt. Irgend etwas Wahres muß wohl daran sein, denn nicht selten benutzte er die Rückseite von Speisekarten als Briefpapier oder für seine Aquarelle. So verdankt z.B. eine Speisekarte des Hotels »Waldhaus« aus dem Jahr 1949 ihr Überleben einem von Hesse gemalten Alpenbild, das er seiner Schwester Adele schickte.

In den letzten Jahren verließ er nur noch selten Montagnola, doch seinen Sommeraufenthalt in Sils-Maria ließ er sich bis 1961 nicht nehmen. Die Autofahrt über den Julier-Paß, die ihn immer wieder beeindruckte, inspirierte ihn bereits im August 1949 zu dem Gedicht »Im Auto über den Julier«[25].

Das erste existierende Farbfoto von Hermann Hesse mit Ninon machte 1958 der Hesse-Forscher Dr. Martin Pfeifer auf der Julier-Paßhöhe.

Abb. 64
Theodor Heuss im Gespräch mit Hermann Hesse und Ninon auf der »historischen Bank« (Sommer 1957)

Abb. 65
Aquarell von Hermann Hesse auf der Rückseite der Speisekarte von 1949

Abb. 66
Die Speisekarte mit dem Aquarell

Im Auto über den Julier

Stein-Öde, Trümmerfelder tot,
Dünnfarbige Algen grün, grau, rot,
Felsgipfel steil ins Graue drängend,
Gewölk die Grate überhängend,
Kaltfeindlich scharf der mürrische Wind,
Moorwasserlachen stumm und blind,
An bleichen Wänden frische Wunden
Blutbraun und schorfig, felsgeschunden.
Müd aber streng und scharfgeschnitten
Zieht lang der Straße Band inmitten,
Einst Heer- und Pilgerweg, und jetzt
Von schnurrenden Maschinen abgewetzt
Mit Menschen drin, die alles hätten,
Sich aus dem Lärm ins Sommerglück zu retten,
Nur keine Zeit, nur keine Zeit.
Wir hasten mit, es ist noch weit
Bis Bivio, bis Chur, Paris, Berlin,
Wir hasten auf der hageren Straße hin,
Wir sehen grat-entlang die Wolken ziehn,
Das Steingeröll mit blinden Wasserlachen;
Die graue Kühle will uns schauern machen,
Doch die Maschine reißt uns ohne Gnade
Hinan, hinab, hinweg. Heroisch hart
Ins Grau empor die steile Steinwelt starrt.
Wir fliehen, fliehen, und wir fühlen: ›schade…‹

Abb. 67
Das erste Farbfoto von
Hermann Hesse und Ninon
aus dem Jahre 1958

Abb. 68
Motiv am Julier-Paß
(Sommer 1996)

85. GEBURTSTAG

Frisches, junges Blut

*Abb. 69
Trudel Hanßum
(28. August 1996)*

An Hesses 85. Geburtstag, den man am 2. Juli 1962 in Faido, einem kleinen Ort unterhalb des Gotthard, feierte, scheint sich kaum jemand mehr so recht zu erinnern. Von der kleinen Gästezahl leben nur noch wenige Personen. Den Söhnen Bruno und Heiner sind die Details zu diesem Tag größtenteils entfallen. Nur Trudel Hanßum, die Tochter von Hesses »Herzensschwester« Adele, die wie ihre Mutter Tagebuch führt, weiß noch etwas mehr, obwohl sich nur wenige Eintragungen fanden. »Es war ja auch so enttäuschend, daß jedes aufgeschriebene Wort zu viel gewesen wäre«, meint die quicklebendige alte Dame, die es immer noch versteht, über ihren Onkel Hermann spannend zu erzählen.

Daß sie Hesses Lieblingsnichte war, kam nicht von ungefähr, denn sie erinnerte ihn an das Naturell ihrer Mutter, die bei den Konflikten ihres Bruders mit den Eltern ihm stets Liebe und Verständnis entgegengebracht hatte.

»Oder er konnte mich so gut leiden, weil ich ihm einmal sagte, daß ich seine Bücher gerne vorlese. Denn immer, wenn man bei der Lektüre schnaufen muß, hat er einen Punkt oder ein Komma gesetzt. Selten habe ich ihn so lachen gesehen, und er meinte, daß dies die beste Kritik gewesen wäre, die er je erhalten habe.«

Über den »guten Geist« oder »Adis«, wie er seine Schwester Adele liebevoll nannte, hat er in seinen Büchern und vielen seiner Briefe berichtet. Hesse sah in Trudel Hanßum seine 1949 verstorbene Schwester wieder, und so ist es auch kein Wunder, daß ihr vom Onkel und von Ninon die ehrenvolle Aufgabe übertragen wurde, beim 85. Geburtstag zu assistieren.

Am 28. Juni 1962 reiste sie nach Montagnola, denn bereits am Vortag des Geburtstages sollte Hesse die Ehrenbürgerurkunde des kleinen Ortes verliehen werden. Damit den »Blechmusikern« (Blaskapelle der Gemeinde), die zu diesem Anlaß ein Ständchen spielen sollten, ein Glas Wein angeboten werden konnte, fuhr Ninon mit Trudel nach Lugano, um fünf Flaschen zu kaufen. »Drei Stunden sind wir in der Stadt herumgelaufen, um den billigsten Wein zu finden«, erinnert sich Trudel Hanßum. »Ninon war eine korrekte, aber auch überaus geizige Frau. Wenn beispielsweise eine Haushälterin 100 Gramm Fleisch zuviel einkaufte, mußte sie es wieder in die Metzgerei zurückbringen. Kein Wunder, daß es die meisten Köchinnen nicht lange bei ihr ausgehalten haben...«

Als Hermann Hesse der Ehrenbürgerbrief überreicht wurde, verlas er in italienischer Sprache seine Danksagung.

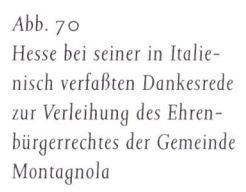

Abb. 70
Hesse bei seiner in Italienisch verfaßten Dankesrede zur Verleihung des Ehrenbürgerrechtes der Gemeinde Montagnola

Abb. 71
Ninon und Hermann Hesse mit der Urkunde

Abb. 72
Das Hotel »Milano« in Faido
(Sommer 1996)

Abb. 73
Hermann Hesse während
des Geburtstagsessens im
Hotel »Milano«

»Am nächsten Tag war Hesses Geburtstag«, erinnert sie sich. »Er stand früher auf als sonst und kam zu uns. Ich wünschte ihm schüchtern einen guten Morgen, denn ich wußte ja, daß er morgens möglichst nicht angesprochen werden wollte. Enttäuscht setzte er sich auf einen Stuhl und sah mich wie ein kleines, schmollendes Kind an: ›Niemand gratuliert mir. Das ist doch kein Geburtstag!‹ Ninon und ich umarmten ihn und wünschten ihm das Allerbeste. Ich schenkte ihm das Fragment zu einem Theaterstück, das er als Siebzehnjähriger schrieb und meiner Mutter zur Aufbewahrung anvertraute. Ninon überreichte ein Kofferradio. Gegen elf Uhr kam ein für diesen Tag eingestellter Chauffeur, der uns mit Frau Bodmer in Hesses Wagen nach Faido fuhr. Meines Onkels Gönner, Max Wassmer, hatte dorthin eingeladen. Damit er von Bremgarten genau so weit zu fahren hatte wie wir von Montagnola, schlug Ninon Faido vor. Man entschied sich, einen Nebenraum des Hotels ›Milano‹ anzumieten. Die Feier war meines Onkels nicht würdig«, stellt Trudel Hanßum fest. »Aber ich war froh, herauszukommen, denn im Hause Hesse war in den Tagen vor dem Fest eine überspannte, elektrisch geladene Luft.

Wassmer und die Söhne des Dichters empfingen uns am Eingang. Onkel Hermann bat mich, daß ich mich bei Tisch zwischen ihn und seinen Gönner setzen solle, denn dann müßte Wassmer nicht immer schwindeln und über seine Bücher sprechen, die er nicht gelesen habe. Das Essen war so entsetzlich schlecht, daß ich die Menuefolge sofort vergessen habe und nicht in mein Tagebuch eintrug.«

Im Hotel »Milano« und seiner Umgebung hat sich bis heute nichts geändert. Hesse hatte sich an diesem Tag besonders über das Berner Reist-Quartett gefreut, das Wassmer engagierte, ein Mozart-Streichquartett zu spielen.

»Am Spätnachmittag schien Onkel Hermann wieder Gichtschmerzen zu bekommen. Er bewegte langsam seine Finger, deren Gelenke dick angeschwollen waren. Als ich sie streicheln wollte, hielt mich Ninon energisch zurück. ›Nicht berühren!‹ Ich weiß nicht, ob es aus Eifersucht oder Besorgnis war. Vielleicht beides.«

Mit der untergehenden Abendsonne fuhren sie wieder zurück nach Montagnola. Hesse fröstelte. Er buckelte sich zusammen, um zu zeigen, wie kalt es ihm sei. Als ihm Trudel Hanßum ihre Windjacke geben wollte, verhinderte es Ninon mit den Worten: »Er muß und will leiden!«

Zuhause angekommen, stand sackweise die Glückwunschpost im Haus, die Trudel mit ihrem Onkel gemeinsam sortierte. Es gab drei Auswertungen: Nicht antworten / Die gedruckte Danksagung schicken / Persönlich schreiben. Die meisten Briefe wollte Hesse persönlich beantworten, doch die wenigen Wochen bis zu seinem Tod reichten dafür nicht aus.

Regelmäßig bekam er bereits seit Monaten Blutübertragungen, so auch am 4. Juli 1962 in Bellinzona bei seinem Hausarzt Dr. Molo. Unvergeßlich bleibt Trudel Hanßum die Aufforderung Ninons an ihren Mann, der sie privat »Keuper« nannte: »Komm, Vogel (so war ihr Kosename für ihn), herrliches, frisches, junges Blut wartet auf dich!«

Einige Tage später machte Trudel Hanßum mit Hesses noch einen Ausflug nach Morcote (Seite 36). Bald darauf fuhr sie wieder nach Deutschland zurück. »Wie bei jedem Abschied von Freunden legte Ninon eine Schallplatte mit Hesses Lieblingslied, der Eichendorff-Vertonung von Othmar Schoeck ›Du liebe treue Laute‹, auf den Plattenteller. In einem Seidensäckchen schenkte sie mir zwei englische Goldmünzen, als Ausgleich für die Kosten der Reise. Onkel Hermann reichte mir seine knorrige Hand. Ich wagte nicht, sie zu drücken.«

Abb. 74
Der 85jährige Hesse mit
Max Wassmer (links) und
dem Reist-Quartett in Faido

Die letzten Tage

Splittrig geknickter Ast

Warum gerade bei der Geburtsfeier in Faido Hesses Hausarzt Dr. Molo Ninon zur Seite nahm und ihr eröffnete, daß ihr Mann schon seit Jahren an Leukämie erkrankt sei, weiß man nicht.

Ninon war jedoch stark wie immer. Nicht nur an diesem Nachmittag. Mit niemandem sprach sie darüber, auch mit ihrem Mann nicht, der täglich müder und schwächer wurde. Um so intensiver genoß sie mit ihm seine letzten Lebenstage.

Am 13. Juli 1962 kam sein ältester Sohn Bruno nach Montagnola. Der Vater äußerte den Wunsch, eine kleine Rundfahrt in das italienische Grenzgebiet zu machen. Sie fuhren in das Bergstädtchen Lanzo d'Intelvi und aßen dort zu Mittag. Dann ging es weiter auf den 1321 Meter hohen Monte la Sighnignola. Seines Augenleidens wegen muß er die Landschaft wohl durch einen grauen Schleier gesehen haben, aber »es war wie immer schön mitzuerleben, wie intensiv Hermann alles sah – er war wie ein Falter, aufmerksam und gespannt schaute er, ergriff das Gesehene«, schrieb Ninon später an den Verleger Dr. Siegfried Unseld.[26] Dann ging es weiter nach Osteno und schließlich nach Porlezza, in der Bucht am Luganer See gelegen, die Hesse von seinem Haus aus sah und in vielen Variationen malte.

Es sollte Hesses letzter Ausflug sein. Von da an »arbeitete« er nur noch in seinem Garten oder machte mit Ninon kleine Spaziergänge. »An seinem letzten Lebenstag gingen wir am Vormittag spazieren in den Wald. Er riß an

Abb. 75
Lanzo d'Intelvi
(1996)

Abb. 76
Osteno
(1996)

Abb. 77
Porlezza
(1996)

Abb. 78
Auf dem Monte La Sighnignola mit Blick auf den Damm von Melide
(1996)

einem morschen Ast, an dem er schon oft gerissen hatte, seit anderthalb Jahren, immer, wenn er vorbeikam. ›Er hält noch‹, sagte er.«[27] Dieser Ast hatte es Hesse so angetan, das er in mehreren Anläufen versuchte, ein Gedicht darüber zu schreiben. Am 8. August 1962 hatte er es vollendet.
Er legte es seiner Frau auf den Nachttisch. Sie sagte ihm noch, daß sie es für eines seiner schönsten Gedichte halte. Danach hörte er die Klaviersonate Nr. 7 in C-Dur von Wolfgang Amadeus Mozart, Köchel-Verzeichnis 309, und schlief ein.

Am Morgen des 9. August 1962 um 9.45 Uhr stellte Ninon fest, daß der Schlafende tot war. Gehirnblutung.

Schon zu Lebzeiten hatte Hesse bestimmt, daß er auf einem besonders stillen Plätzchen, auf dem Friedhof von San Abbondio/Gentilino beigesetzt werden möchte. Sein letzter Wunsch konnte am 11. August 1962 um 16.00 Uhr nur teilweise erfüllt werden, denn wenige Meter unter seinem Grab bohrte man den Tunnel für die Autobahn Gotthard–Mailand.

Abb. 79
Korrigierter Entwurf zu seinem letzten Gedicht
»Splittrig geknickter Ast«

Splittrig geknickter Ast

Splittrig geknickter Ast,
Hangend schon Jahr um Jahr,
Trocken knarrt er im Wind sein Lied,
Ohne Laub, ohne Rinde,
Kahl, fahl, zu langen Lebens, zu langen
    Sterbens müd.
Hart klingt und zäh sein Gesang,
Klingt trotzig, klingt heimlich bang
noch einen Sommer,
noch einen Winter lang.

Abb. 80
San Abbondio/Gentilino
(1993)

Abb. 82
Das Hesse-Grab
(Sommer 1996)

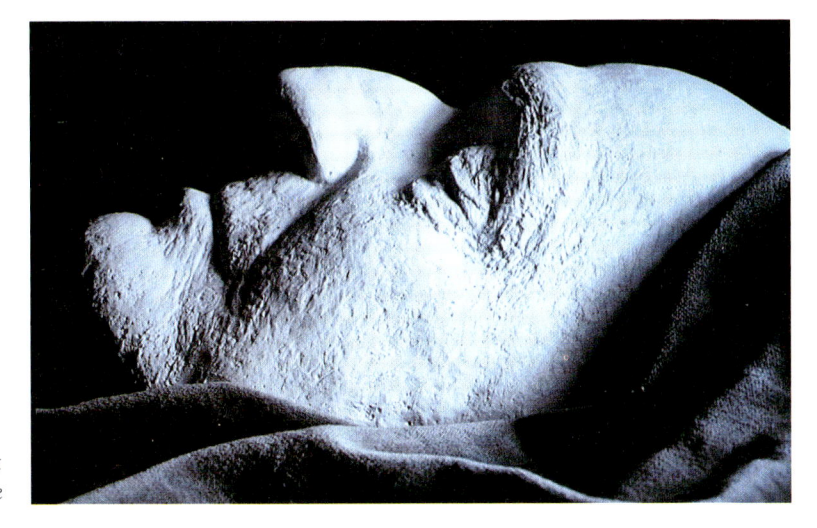

Abb. 81
Hermann Hesses Totenmaske

BRUNO HESSE, ÄLTESTER SOHN

WELTVERGESSEN

Ein liebenswerter alter Mann (geb. 9. Dezember 1905) ruht in sich selbst. Weltvergessen.

Bruno hatte von allen drei Söhnen, die das Ehepaar Hesse 1919 aus dem Haus gab, die glücklichste Kindheit, denn er wurde ständig von dem befreundeten Maler Cuno Amiet und seiner Frau betreut. Amiet wohnte einige Kilometer von Bern entfernt, in Oschwand.

Bruno Hesse hatte es dort so gut gefallen, daß er später, 1939, von dem ersten selbstverdienten Geld und mit großzügiger Unterstützung von Hermann Hesse ein eigenes Haus in unmittelbarer Nähe seines Ziehvaters baute. Hier lebt er heute noch mit seiner zweiten Frau Rosa.

Damit er möglichst wenig der immer gleichlautenden Fragen, die an ihn gestellt werden, beantworten muß, kam er bereits 1978 auf die Idee, unter dem Titel *Erinnerungen an meine Eltern* einen Privatdruck herauszugeben, der fast alle Antworten beinhaltet, nur nicht die über sein eigenes Leben.

Angeregt vom »Brücke«-Künstler Cuno Amiet begann er sehr früh mit Zeichen- und Malübungen. Mit 21 Jahren ging er zum Kunststudium nach Genf an die »Ecole des Beaux Arts« und an die »Academiè Julian« in Paris.

Er wollte es Amiet und vor allem seinem Vater gleichtun und begann zu aquarellieren. Zunächst Blumen, denn sein Vater malte ihm bereits zum Weihnachtsfest 1917 eine blaue Iris, die er sorgfältig aufbewahrt.

Seine größten Erlebnisse waren wohl die, wenn er mit dem Vater Malausflüge unternehmen konnte. So malten sie oft ein und dieselben Motive, wie beispielsweise die Fabrik im Tal von Naranco.

Obwohl Brunos Malstil dem seines Vaters in nichts nachstand, ja professioneller war, glaubte er ständig, gegenüber seinem Vater zu versagen. In vielen Briefen tröstet ihn Hermann Hesse, der von den Leistungen seines Sohnes überzeugt war: »Wenn Du mit mir im Tessin malst, und wir beide das gleiche Motiv malen, so malt jeder von uns nicht so sehr das Stückchen Landschaft, als vielmehr seine eigene Liebe zur Natur, und von dem gleichen Motiv macht jeder etwas anderes, etwas Einmaliges. Und sogar wenn wir zuzeiten nichts anderes empfinden und sagen können als unsere Trauer und das Gefühl unseres Ungenügens, so hat doch auch das seinen Wert. Noch das traurigste Verzweiflungsgedicht, etwa von Lenau, hat außer der Verzweiflung auch noch seinen süßen Kern. Und wie viele Maler, die für Stümper oder für Barbaren in der Kunst galten, erwiesen sich nachher als edle Kämpfer, deren Werke den Nachfolgern oft tröstlicher sind und inniger geliebt werden als die größten Werke der klassischen Könner. So, lieber Sohn, sind auch wir beide. Du und ich, Mitarbeiter an einem Werk, das so alt ist wie die Welt, und wir müssen und dürfen daran glauben, daß Gott auch mit jedem von uns etwas gemeint und beabsichtigt hat, was wir selber gar nie erkennen, nur manchmal ahnen können.«[28]

Hesse erzählte auch einmal, daß eine Dame zu ihm kam, die eines seiner Aquarelle kaufen wollte. Er zeigte ihr die Bilder, die zur Auswahl an der Wand hingen. Sehr schnell hatte sich die Käuferin für ein Bild entschieden, das ihrer Meinung nach das beste von allen war. Hesse schwieg einen Augenblick, dann eröffnete er ihr, daß das Bild unverkäuflich sei, denn es stamme von seinem Sohn Bruno.

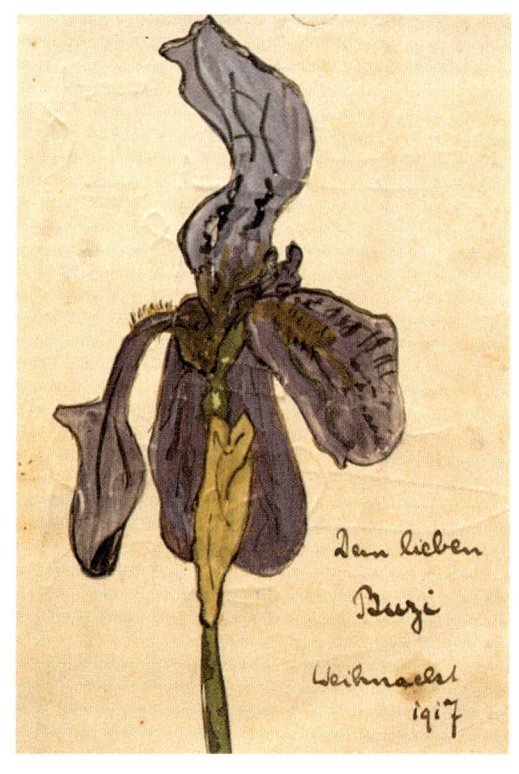

Abb. 83
Bruno Hesse
(24. August 1996)

Abb. 84
Eine der ersten aquarellierten Federzeichnungen schenkte Hermann Hesse 1917 »dem lieben Buzi« zu Weihnachten

Abb. 85
Aquarell von Bruno Hesse
mit dem Titel »Vater malt
Arasio« (18. August 1927)

Abb. 86
Bruno Hesse vor der Staffelei
in seinem Atelier
(24. August 1996)

Abb. 87
Die Fabrik im Tal von Noranco, gemalt von Hermann Hesse

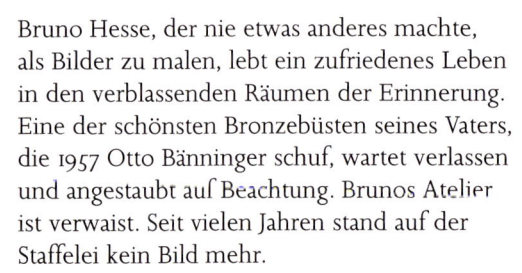

Abb. 88
Die Fabrik, gemalt von Bruno Hesse

Bruno Hesse, der nie etwas anderes machte, als Bilder zu malen, lebt ein zufriedenes Leben in den verblassenden Räumen der Erinnerung. Eine der schönsten Bronzebüsten seines Vaters, die 1957 Otto Bänninger schuf, wartet verlassen und angestaubt auf Beachtung. Brunos Atelier ist verwaist. Seit vielen Jahren stand auf der Staffelei kein Bild mehr.

Freude hat er immer noch an dem großen Fresko, das er an eine Flurwand seines Hauses malte. Es zeigt seine beiden Kinder Christine und Simon beim Kirschenpflücken.

Freude hat er auch immer noch an den einfachen Spielen, die dereinst sein Großvater Johannes Hesse in dem Buch »Wer tut mit« niederschrieb und die sein Vater mit ihm und seinen Brüdern spielte. »Jeder hatte ein Blatt, auf dem er oben einen Kopf zeichnete, Mensch, Tier oder Ungetüm. Dann wurde das gezeichnete nach hinten umgefalzt, so daß man nur grad noch den Halsansatz des Kopfes zuoberst auf dem gefalzten Blatt sehen konnte. Hier durfte nun jeder, nachdem man das Blatt dem nächsten überreicht hatte, einen Hals dazu zeichnen. Dann wurde nochmals gefalzt und weitergezeichnet, und nun sollte der Leib gezeichnet werden, und so weiter bis zu den Füßen. So ergaben sich mitunter ganz drollige Figuren aus diesem zusammengewürfelten Gekritzel: Nashorn mit Giraffenhals, Mensch mit Löwenkopf oder andere undefinierbare und mißratene Kreaturen.«[29]

Dieses Spiel spielte ich mit Bruno und Heiner. Beide schienen um achtzig Jahre jünger zu werden. (Siehe Einband)

Abb. 89
Bruno Hesse mit der Bronzebüste seines Vaters von Otto Bänninger aus dem Jahre 1957

Abb. 90
Fresko von Bruno Hesse: Seine Kinder Christine und Simon beim Kirschenpflücken

Heiner Hesse, zweitältester Sohn
Sündenbock?

Abb. 91
Heiner Hesse
(19. August 1996)

Man braucht nicht viel Phantasie. Die hagere Gestalt mit den markanten Gesichtszügen, die mit sicherer Hand aus dem Regal ein Buch greift, könnte Hermann Hesse sein.

Der schwarz-blaue Leinenband trägt in Goldprägung die Aufschrift: *Gedichte von Hermann Hesse*, 1902 erschienen. Im Innern eine handschriftliche Widmung: »Über die Felder wandert meiner Mutter verlorenes Kind...« Es war das erste Buch, das Hesse seinem sechzehnjährigen Sohn Heiner schenkte, der, je älter er wurde, immer deutlicher die Züge und Verhaltensweisen seines Vaters annahm.

»Über den Himmel Wolken ziehn,
Über die Felder geht der Wind,
Über die Felder wandert
Meiner Mutter verlorenes Kind.

Über die Straße Blätter wehn,
Über den Bäumen Vögel schrein
Irgendwo über den Bergen
Muß meine ferne Heimat sein.«

Ob Heiner Hesse, geboren am 1. März 1909, seine Heimat gefunden hat? In einer tiefen von Laubwäldern beschützten Schlucht zwischen Arcegno und Ronco, lebt er als Einsiedler in einer Mühle. Dort über den Bergen fand er seine Heimat und kann nach dem Tod des Vaters zufrieden auf die geleistete Arbeit zurückblicken, auch wenn der eine oder andere in ihm einen »Sündenbock« sieht.

Er sitzt am großen Fenster, das den Blick zum romantisch verwilderten Garten freigibt – gedankenverloren oder gedankensammelnd –, wer weiß das schon? Heiner ist verschlossen. Seine Gesichtszüge sind von Enttäuschungen geprägt. Unter den buschigen Augenbrauen durchdringen skeptische Augen ihr Gegenüber. Die letzte Niederlage hat er noch nicht verkraftet. Als die »Casa Camuzzi« verkauft werden sollte, war es sein Wunsch, daraus eine Hermann Hesse Gedenkstätte zu machen. Trotz Spendenaufrufen, brachte man, wie bereits erwähnt, den Kaufpreis nicht zusammen. Am 21. Dezember 1993 mußte er kapitulieren: »Die Casa Camuzzi ist am 20. Dezember 1993 an eine andere Interessengruppe verkauft worden. Unser Spendenaufruf kam zu spät...«

Heiner Hesse wollte es zunächst nicht wahrhaben und stellte sich einem Kampf, der schon längst verloren war, denn bereits am 20. Oktober 1993 hatte Riccardo Brivio, der Rechtsanwalt der Erbengemeinschaft Camuzzi, bekanntgegeben, daß das Castello verkauft sei.

Seit 1966, als Heiner Hesse nach Ninons Tod die literarische Nachlaßverwaltung der Werke seines Vaters übernahm, setzt er sich mit großem Engagement für das Andenken Hermann Hesses ein.

Abb. 93
Die wildromantische Mühle
von Heiner Hesse
(1996)

Abb. 92
Hesses Widmung an seinen
Sohn Heiner im Gedichts-
band von 1902

Abb. 94
Aufruf zur Rettung der Casa
Camuzzi, herausgegeben vom
Freundeskreis zur Erhaltung
der Hermann Hesse-Stätten

Abb. 95
Eingang zu Heiner Hesses
Reich (1996)

Es ist nicht leicht, in sein Reich einzudringen. An der Haustür hängt eine Schiefertafel mit der Aufschrift »Hesse und Una«, wobei mit Una sein Hund gemeint ist. Daneben ein kunstvoll geschnitztes und vergoldetes Rokokoschild mit einem »H«, das ein Freund für ihn aus Versailles »geklaut« hat. Im Innern eine kleine, gemütliche Stube mit Empore – Bildern, Büchern, Manuskripten –, Andenken aus vergangenen Tagen.

Kenner der Hesse-Familie weisen immer wieder darauf hin, daß die Söhne des Dichters, vor allem Heiner, eine schwere Kindheit gehabt haben müssen. Heiner Hesse sieht das jedoch anders, denn am 17. November 1996 schrieb er mir: »Bis zum Tag, da Bruno und ich in ein sog. Heim im Schwarzwald kamen, hatten wir beide eine absolut glückliche Kindheit. Daß meine Mutter im Herbst 1918 in ein Sanatorium gebracht wurde, wußte ich nicht. Erst später erfuhr und begriff ich, daß meine Mutter manchmal seltsam war... Martin war schon seit ein paar Jahren bei Pflegeschwestern in Kirchdorf, unweit von Bern...«

Heiner Hesses erster Berufswunsch war, Schiffsjunge zu werden, aber mit siebzehn war er dafür schon zu alt. Er machte eine Lehre als Schaufenstergestalter. Hermann Hesse unterstützte den eingeschlagenen Berufsweg. »Obwohl mein Vater mir jederzeit mit viel Teilnahme und Verständnis begegnete, fand ich doch Jahrzehnte lang keine freie unabhängige Beziehung zu ihm. Vielleicht auch deshalb, weil ich in meinem Beruf wenig erfolgreich und daher immer wieder auf seine materielle Hilfe angewiesen war.«[30]

Einerseits war er stolz auf seinen Vater, andererseits wurde er immer mit seinen eigenen Unzulänglichkeiten konfrontiert. »Dieser Zwiespalt beherrschte mich lang, und erst seit ich den literarischen Nachlaß meines Vaters verwalte, fühle ich mich sicherer.«[31]

Doch aus dem Schatten seines Vaters konnte er – wie die beiden anderen Söhne – kaum heraustreten. Gerade in ihm, dem literarischen Nachlaßverwalter, wird man immer vorschnell einen »Sündenbock« finden. So wirft man ihm vor, daß er gegen Vaters »letzten Willen« verstoßen habe, denn Hermann Hesse wollte nicht, daß jemals eines seiner Bücher verfilmt werden sollte, es sei denn, seine Erben kämen in finanzielle Not. Doch ohne am Hungertuch zu nagen, stimmte Heiner der amerikanischen Verfilmung von *Steppenwolf* zu. Damals, in der Zeit des Vietnam-Krieges, überzeugte ihn der Produzent, daß gerade der Inhalt des *Steppenwolf* die einzig richtige Botschaft gegen den Krieg darstelle. Bis heute wird ihm diese Zustimmung, die er übrigens nicht allein faßte, übelgenommen.

Man übersieht nur allzu gerne, daß gerade der bis ins hohe Alter arbeitsame Heiner Hesse es ist, der das literarische Erbe seines Vaters der Nachwelt erhielt und größtenteils zugänglich gemacht hat. Durch sein verantwortungsbewußtes Handeln konnte – in Zusammenarbeit mit dem Herausgeber von Hermann Hesses Werken, Volker Michels, – ein Großteil des Schriftverkehrs seines Vaters archiviert und gedruckt werden. Er wurde in der Öffentlichkeit der angesehene Repräsentant der Hesse-Familie, für die er intern eine Art Beichtvater darstellt, dem man alle seine Sorgen aufladen kann. Vom Beichtvater zum Sündenbock ist es nicht mehr weit.

Geradezu symbolisch hält er beim Erzählen sein liebstes Erbstück aus dem exotischen Glasschrank seines Urgroßvaters in der Hand, das dieser aus Ceylon mitbrachte. Es ist ein kleiner bronzener Eber, den man in primitiven Tempeln – wie im Alten Testament erwähnt – als »Sündenbock« verwendete. In ihn wurde alles Schlechte und Böse verbannt. Er trägt den Fluch vieler mit sich. Er wurde für viele geopfert. Er ist für Heiner Hesse – wie damals für seinen Vater – keine Kuriosität, sondern ein Symbol, »ein Bruder von uns Gezeichneten«.

Abb. 96
Der »Sündenbock«

Enkelin Christine

Dienen

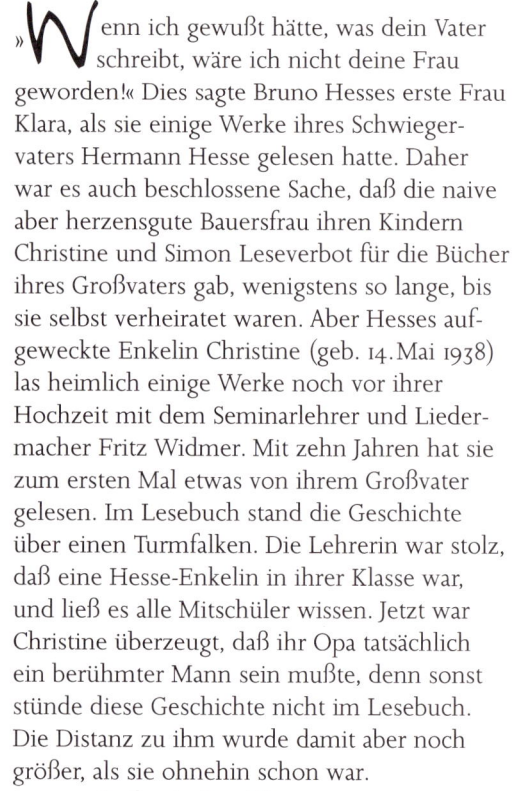

Abb. 97
Christine Widmer
(13. September 1996)

»Wenn ich gewußt hätte, was dein Vater schreibt, wäre ich nicht deine Frau geworden!« Dies sagte Bruno Hesses erste Frau Klara, als sie einige Werke ihres Schwiegervaters Hermann Hesse gelesen hatte. Daher war es auch beschlossene Sache, daß die naive aber herzensgute Bauersfrau ihren Kindern Christine und Simon Leseverbot für die Bücher ihres Großvaters gab, wenigstens so lange, bis sie selbst verheiratet waren. Aber Hesses aufgeweckte Enkelin Christine (geb. 14. Mai 1938) las heimlich einige Werke noch vor ihrer Hochzeit mit dem Seminarlehrer und Liedermacher Fritz Widmer. Mit zehn Jahren hat sie zum ersten Mal etwas von ihrem Großvater gelesen. Im Lesebuch stand die Geschichte über einen Turmfalken. Die Lehrerin war stolz, daß eine Hesse-Enkelin in ihrer Klasse war, und ließ es alle Mitschüler wissen. Jetzt war Christine überzeugt, daß ihr Opa tatsächlich ein berühmter Mann sein mußte, denn sonst stünde diese Geschichte nicht im Lesebuch. Die Distanz zu ihm wurde damit aber noch größer, als sie ohnehin schon war.

1944 durfte sie ihre Eltern – zusammen mit ihrem Bruder Simon – zum ersten Mal nach Montagnola begleiten, wo sie in der Casa rossa mit Großvater und Ninon unter einem Dach wohnten. »Er war sehr nett zu uns Kindern«, erinnert sich Christine Hesse-Widmer, »aber so ein herzliches Verhältnis, wie ich es beispielsweise zu Amiet, dem Ersatzvater meines Vaters, hatte, bekam ich nicht.« Dafür mag es viele Gründe gegeben haben:

»Nachdem mein Opa so berühmt war, wurde ich immer angehalten, mich ordentlich zu benehmen…

Ich durfte nicht so sein, wie ich wollte…

Ninon bestand darauf, daß wir unbedingt mit Messer und Gabel essen, was für uns Kinder oft eine Qual war…

Großvater sprach eine Mischung aus Alemannisch, Basler-Deutsch und Schwäbisch. Mein Bruder und ich aber Berndeutsch…

Obwohl sich Großvater bestimmt die größte Mühe gab, uns viele Wünsche zu erfüllen, fühlten wir uns im Herzen unverstanden.

Ich war froh, als die acht Tage vorbei waren und ich bei meinem Stiefgroßvater Amiet wieder herumtoben konnte.

Nach dem Krieg, 1949, waren wir dann noch einmal für eine Woche in Montagnola, doch Ninon hatte uns in eine Ferienwohnung einquartiert, denn für Großvater wäre es zu anstrengend gewesen, uns die ganze Zeit zu ertragen.

Wenn ich später einmal spontan den Wunsch äußerte, Opa Hermann zu besuchen, so bekam ich von meiner Mutter zur Antwort, daß er eine viel zu große Persönlichkeit sei, als daß man ihn ohne Voranmeldung besuchen dürfe.

Er kam auch einige Male zu uns nach Oschwand. Wir Kinder wurden dann herausgeputzt, als käme der liebe Gott persönlich. Stets mußte ich ihm auf dem Klavier vorspielen – Mozart.«

So wurde für Christine Hesse ihr Großvater zu einer Art nicht verstandenem Wunder. Aber je älter sie wurde, desto mehr reizte es sie, dieses Wunder zu entschlüsseln.

Als sie 1959, einundzwanzigjährig, in Florenz war und erfuhr, daß sich ihr Vater zur gleichen Zeit in Montagnola aufhielt, schickte sie kurzentschlossen ein Telegramm an Hermann Hesse, mit dem sie ihren Besuch ankündigte. »Das war das erste und letzte Mal, daß ich mit ihm ein wenig über Literatur und viel über Musik sprechen konnte. Dadurch, daß wir nicht in allem einer Meinung waren, hatte ich das Gefühl, daß er mich ernstnahm.«

Christine Hesse-Widmer wurde Musiklehrerin. Per Zufall konnte sich das Ehepaar Widmer, fast einen Steinwurf vom Schloß Bremgarten entfernt, 1977 ein Haus kaufen, das Christine teilweise von ihren Anteilen der Tantiemen ihres Großvaters finanzierte.

Die Innenräume ihres Heimes atmen Hesse. Alle seine literarischen Werke stehen in den Bücherregalen. An den Wänden hängen Hermann-Hesse-Aquarelle (neben einer Schmuckschatulle Ninons erbte sie etwa achtzig Bilder ihres Großvaters), Ölbilder ihres Lieblingsgroßvaters Amiet und unzählige Zeichnungen und Aquarelle ihres Vaters Bruno Hesse.

»Warum konnte sich mein Vater als Maler nicht durchsetzen«, fragt sie. Nach einer Pause überzieht ein Lächeln ihr Gesicht: »Ich denke an die ›Morgenlandfahrt‹. Mein Vater war stets ein Dienender im Sinne Leos, der Hauptgestalt der ›Morgenlandfahrt‹.« Sie meint damit jene Erzählung ihres Großvaters, die er 1930/31 schrieb und teilweise im Schloß Bremgarten ansiedelte. Es wurde ihr liebstes Buch. »So sehe ich seit kurzem auch mein Leben!«

Wie sagte doch Hermann Hesse: »Die Zeiten der Unfruchtbarkeit, des Kampfes, der Verkrampfung und Hemmung nicht nur abzuwarten und durch Geduld zu besiegen, sondern diese Nöte selbst zum Gegenstand der Meditation zu machen, aus ihnen selbst neue Symbole und neue Orientierungen zu finden, darin glaube ich, einen Schritt weiter gekommen zu sein.«

Für Christine Hesse-Widmer ist klar: »Hesse denkt so wie ich!«

... Oder denkt sie so wie Hesse?

Kann man sich besser mit den Gedanken eines Dichters identifizieren?

Abb. 98
Die Enkel Christine und Simon zu Besuch bei Hermann Hesse (1949)

Abb. 99
Christine beim Klavierspielen

ENKELIN SIBYLLE

MIT EINEM GROSSEN MÜNTSCHI

Auch sie sollte als Heranwachsende nicht die Werke ihres Opas lesen, denn es sind doch »unanständige« Bücher dabei, meinten die Erwachsenen.

Mit sechzehn Jahren jedoch holte Sibylle den *Siddhartha* aus dem Bücherschrank und findet seitdem keine Ruhe mehr. Immer und immer wieder muß sie Hesses Werke lesen, bis auf das *Glasperlenspiel*, bei dem sie es nicht weiter als auf 50 Seiten brachte.

Sibylle, das einzige Kind von Hesses drittem Sohn Martin und seiner Frau Isabelle, wurde am 30. August 1945 in Bern geboren. 1973 ehelichte sie den temperamentvollen Ingenieur-Chemiker Hanspeter Siegenthaler und bezog in der Nähe von Basel ein stilvolles Einfamilienhaus.

Ihre Eltern sind tot. Der Vater ist 1968 »an seiner künstlerischen Natur zerbrochen«, die Mutter starb 1990. Martin, 1911 geboren, war ein hervorragender Berufsfotograf, dem die Nachwelt die meisten Hesse-Fotografien verdankt. Isabelle, geboren 1906, war Bibliothekarin, die Sibylle ein wohlgeordnetes Hesse-Archiv von Büchern, Aquarellen, Aufzeichnungen und Briefen hinterließ. Es sind Briefe zwischen Hermann Hesse und seinem Sohn Martin, die die Familie für eine Veröffentlichung noch nicht frei gibt. Verpackt in Kisten, warten sie auf ihre Wiedergeburt. Fein säuberlich schlummert auch der Schriftverkehr der kleinen Sibylle mit dem großen Dichter, jeder ihrer Briefe endet »mit einem großen Müntschi« (Kuß) für ihren Großpapa. Sie dürfte die Enkelin sein, die ihrem Opa die meisten Briefe schrieb. »Es war so spannend, denn innerhalb von zwei Tagen bekam ich immer Antwort.« Er war von dem »süßen Fratz« so angetan, daß er für sie sogar Briefmarken sammelte. »Ich hatte ein überaus gutes Verhältnis zu Opa. Das liegt aber auch daran, daß meine Eltern, trotz der Hochachtung, die sie ihm entgegengebracht haben, meinen Großpapa als Menschen in den Vordergrund stellten.«

Wenn am Morgen Post aus Montagnola kam, dann wurde sie nicht gleich geöffnet, sondern erst beim Nachmittagstee.

Besuche im Tessin wurden wochenlang mit Freude vorbereitet, so daß die Hesse-Enkelin es gar nicht erwarten konnte, bis Opa sie in die Arme nahm. Mit sechs Jahren hatte sie ihr erstes Hesse-Erlebnis. Das Umschlagbild gibt Zeugnis davon: »Er konnte so spannend kindgerecht und bildhaft erzählen.«

Auch ihr Vater schilderte die erlebnisreichen Tage in seinen Aufzeichnungen. Immer wieder beschäftigte Martin aber der Tod, das Vergehen. So schrieb er am 19. Juni 1951 u. a. in sein Tagebuch: »Etwas Erschütterndes sagte Bruno (ältester Sohn Hesses) als kleiner Bub, woran Vater seither oft gedacht hat. Nach dem Tod eines Menschen will Bruno etwas vom Tod wissen, und Vater sagt ihm, daß alle Leute alt oder krank werden und dann sterben. Darauf Bruno: ›Ja, warum mueß me dann läbe?‹«[32] Den Tod sah Martin Hesse stets vor Augen, zumal er die Schwermut seiner Mutter geerbt haben dürfte. »Einmal war er himmelhochjauchzend und dann zu Tode betrübt«, meint Sibylle. »Aber Opa kümmerte sich ständig um ihn, nicht nur mit guten Worten, sondern auch materiell, obwohl er später, als er beruflich Fuß faßte, jede finanzielle Hilfe ablehnte. Einmal schickte ihm Hesse einen Geldschein, auf den er schrieb: ›Den habe ich heute auf der Straße gefunden. Nimm ihn!‹«

Hermann Hesse machte seinem Sohn immer wieder Mut und betraute ihn mit besonderen Aufgaben. So bestimmte er ihn als ständigen Vermittler zu seiner ersten Frau Maria Bernoulli. Er unterstützte sie mit Geld, das sein Sohn Martin weiterleitete.

Abb. 100
Sibylle Siegenthaler
(4. Oktober 1996)

Abb. 101
Martin Hesse (1965)

Als Hermann Hesse starb, welkte auch Martin dahin. Es war, als schnitte man eine Rose und stellte sie in eine wasserlose Vase. Sechs Jahre trauerte Martin, dann konnte er nicht mehr. Für Sibylle war sein jäher Tod unfaßbar.

Heute sieht sie sich als Verwalterin des Erbes ihres Vaters. Sie ist stolz auf ihren umfangreichen Hesse-Besitz, den sie hegt und pflegt. Schon als Schülerin beschäftigte sich die gelernte Kindergärtnerin mit der Geschichte ihrer Familie. Dies geht aus vielen Briefen an ihren Großpapa hervor. Wir erfahren auch, daß ihr Hermann Hesse zur Taufe ein Buch des Malers Ernst Morgenthaler schenkte, das sie 1961 mit großem Eifer las. Zwischenzeitlich ist sie auch im Besitz des in ihrem Geburtsjahr 1945 von Morgenthaler geschaffenen Portraitbildes ihres Großvaters, das in der Öffentlichkeit kaum bekannt ist.

Wieviele Geheimnisse bewahrt Sibylle Hesse-Siegenthaler wohl in ihrem Archiv und vor allem in ihrem Herzen, das voll von Liebe zu ihrem Großpapa und zu ihren Eltern ist. Eine Hesse-Gedächtnisstätte, wie sie mit der Casa Camuzzi geplant war, braucht man ihrer Meinung nach nicht, denn Hermann Hesse lebt durch seine Nachkommen und durch seine Bücher, deren Geist die Welt beflügelt.

Abb. 102
Hesse-Portrait von Ernst Morgenthaler (1945)

Abb. 104
Antwortkarte Hesses an seine Enkelin

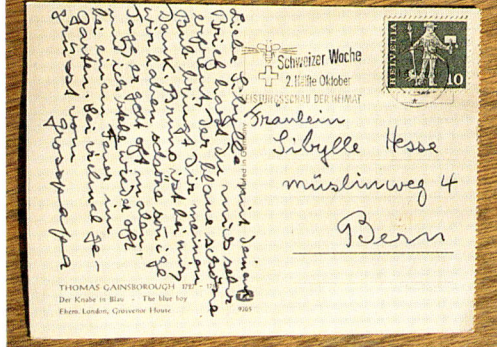

Abb. 103
Erste Seite eines Briefes von Sibylle an ihren Großpapa

Enkel David

Eulenspiegel

Ein Glasauge überwacht die »atomwaffenfreie Zone« am Eingangstor zu einem ehemaligen Bauernhof in der Nähe von Butzbach/Hessen, der seit 1981 dem jüngsten Hesse-Enkel David gehört. Er entstammt Heiner Hesses zweiten Ehe mit seiner Frau Isa, geborene Rabinowitsch.

Hinter dem Tor tut sich eine vielfarbige, verspielt romantische Zauberwelt mit Drachen und Papierschlangen, Masken und halbverwitterten Skulpturen, Tableaus von menschlichen Gebissen und lachenden Buddhas auf. Die eigenwillige und gewiß auch eigensinnige Welt eines Erwachsenen, der in seinem Herzen immer noch ein Kind blieb und vielleicht deshalb ein Mann von geradezu erschreckender Ehrlichkeit ist. Gewiß hätte sein Opa große Freude an ihm, auch wenn es David oftmals bis an die Grenze der Peinlichkeit geht, als Enkel des Literatur-Nobelpreisträgers angesprochen zu werden.

David Hesse ging schon immer seinen eigenen Weg, der nie gerade war und bisher zu keinem Ziel im bürgerlichen Sinne führte. Er wurde am 27. April 1954 in Zürich geboren. Mit vierzehn schickten ihn die Eltern in ein Internat, die Odenwaldschule. Schon in der vorangegangenen Schulzeit machte er, wie fast alle der sieben Hesse-Enkel, die erste Bekanntschaft mit dem »Übergroßvater« als Dichter. »Die Lehrer haben die positiven Aspekte zu meinem jugendlich naiven Hesse-Bild total zerstört.« David sollte ständig den kleinen Hesse spielen – vorbildliche Aufsätze schreiben und Gedichte rezitieren. Im Dezember 1964 versuchte er aus Spaß am Maschinenschreiben und am Reimen einmal selbst zu dichten:

Der olle Mond

Der Mond ist eine öde Steppe,
da mach ich dir ne Wette.
Dort gibt es große Krater
von Zeiten: Urgroßvater.
Braucht 28 Tage um die Erde,
hat PS 15 Pferde.

Seinen Großvater sah David dreimal – 1956/1958/1959 –, wie aus den Aufzeichnungen Heiner Hesses hervorgeht. Er erinnert sich an das Feuermachen im Garten und an das »Steckspiel«, das er, wie sein Großvater es ihm zeigte, mit sich selbst spielte, wenn er vor dem Arbeitszimmer auf seinen Nonno wartete. Dieses »Steckspiel« hätte er gerne vermacht bekommen, aber es war nicht mehr auffindbar. Jeder der Söhne und Enkel erhielt vom Nachlaß einige mehr oder weniger wertvolle Andenken. Aus den vielen Hesse-Aquarellen wählte David nur vier oder fünf für sich aus, die die unterschiedlichsten Schaffensperioden des Malers Hesse dokumentieren, »Bilder, zu denen ich einen Bezug habe.« Dafür nahm er des Großvaters nahezu abgetragene Overalls und zog sie an, bis nur noch Fetzen übrig blieben. Besonders freut er sich über Hesses verrostete Hanteln, die im gemütlich selbst ausgebauten Wohnraum seines Bauernhofes liegen. Dort hängt auch eine Zeichnung seines Vaters, die ihn als etwa zweijährigen Jungen zeigt.

Das Leben à la Hesse wurde ihm nicht nur durch die Schule, sondern auch durch das »Soseinmüssen« verleidet. Lesen und Schreiben ist für David daher zweitrangig geworden. Sein Eigensinn führte ihn zu einer selbständigen Persönlichkeit, die aus dem etikettierten Leben ausbrach.

Nach dem Abitur studierte er nicht, erlernte keinen Beruf, sondern war mal Paketausträger, mal Aushilfsarbeiter, mal Reisebegleiter oder auch gar nichts. Er schloß sich einer Kommune an, die mit handwerklichen Fähigkeiten

Abb. 105
David Hesse
(6. Oktober 1996)

Abb. 106
Hermann Hesse mit dem
»Steckspiel« (um 1947)

ihr Geld verdiente, lebte wieder alleine, hatte mehrere Freundinnen, lehnte sich gegen das Bürgertum auf. Ein Eulenspiegel, der sich überall durchschlug und ab und zu seinem Gegenüber den Spiegel vorhielt. Eulenspiegel oder »Ulenspiegel« heißt auch sein Laden, den er 1976 in Friedberg eröffnete, wo er kunsthandwerkliche Arbeiten aus aller Welt verkauft. »Ein bißchen Esoterik ist auch dabei...« Nicht aus Überzeugung.

Er ist atheistisch aufgewachsen. David hat sich inzwischen seine eigene Weltanschauung aufgebaut, »Alle Religionen haben etwas Wertvolles, Brauchbares.«

Er lebt, wie es ihm gefällt. Ohne Ziel.

Aber in letzter Zeit fragt er doch nach dem Sinn des Lebens. Dann kann es auch vorkommen, daß er sogar in den Büchern seines Großvaters liest – das *Glasperlenspiel*. »Vor zwanzig Jahren habe ich damit begonnen und habe es bis heute noch nicht fertig gelesen.«

Vielleicht sieht er doch ein Ziel!

In der Kaminstube hängen viele bunte Luftballons, Kleider und Stoffreste bedecken eine niedrige Leine. Kissen, Puppen und Teddys liegen dahinter. »Das ist das Spielhaus meiner Tochter, wir feierten Geburtstag.«

Lea heißt der blonde Lockenschopf, den ihm 1993 seine Lebenspartnerin Elisabeth Schwarze schenkte, der er sich seit 1985 verbunden fühlt. Das Ziel scheint sich aus dem Vater-Tochter-Verhältnis zu entwickeln, natürlich hinter dem verschlossenen Tor des Bauernhofes, dessen Giebel die fast schon verblichene Inschrift trägt: »Willkommen sei ein jederman, der über andere schweigen kann.«

Wie gesagt, dieser schöne Spruch ist kaum mehr leserlich und stellte bestimmt keine Aufforderung an mich dar...

Abb. 107
Der Großvater mit seinem Enkel David (1958)

Abb. 108
David, gemalt von seinem Vater Heiner Hesse (1958)

Quellennachweis

1. *Gesammelte Werke*, Suhrkamp, Frankfurt am Main 1970, Bd. 11, S. 256 ff.
2. *GW*, Bd. 10, S. 454 ff.
3. Hermann Hesse, *Tessin*, Frankfurt a. M. 1990, Hrsg. Volker Michels, S. 258 ff
4. Adele Gundert, *Marie Hesse – Ein Lebensbild*, Frankfurt a. M. 1977, S. 173 f.
5. Hermann Hesse, »Basler Erinnerungen« in *Die Kunst des Müßiggangs*, Frankfurt am Main, 1973, S. 336 f.
6. »Kurzgefaßter Lebenslauf«, *GW*, Bd. 6, S. 391 ff
7. *Hermann Hesse – Sein Leben in Briefen und Texten*, Frankfurt am Main 1987, Hrsg. Volker Michels
8. Hermann Hesse, *Gedichte*, Frankfurt a. M. 1977, S. 689
9. Volker Michels, *Materialien zum ›Steppenwolf‹*, Frankfurt am Main 1972, S. 66
10. »Beim Einzug in ein neues Haus«, *GW*, Bd. 10, S. 134 ff
11. »Othmar Schoeck«, *Gedenkblätter*, Frankfurt am Main 1984, S. 95 ff
12. »Othmar Schoeck«, *Gedenkblätter*, a. a. O.
13. Volker Michels, *Hermann Hesse – Gunter Böhmer / Dokumente einer Freundschaft*, Calw 1987, S. 25 ff)
14. Volker Michels, *Hermann Hesse – Sein Leben in Bildern und Texten*, Frankfurt am Main 1987, S. 260
15. *Tessin*, a. a. O., S. 76 ff
16. *Tessin*, a. a. O., S. 43 ff
17. *Tessin*, a. a. O., S. 28 ff
18. *Hermann Hesse als Maler*, Frankfurt a. M. 1977, Hrsg. Volker Michels, S. 51
19. Hermann Hesse, *Beschreibung einer Landschaft. Schweizer Miniaturen*, Frankfurt a. M. 1990, S. 173 ff
20. Hermann Hesse, *Gesammelte Briefe*, Hrsg. Ursula u. Volker Michels 1982, Band III, S. 371 ff
21. Hermann Hesse: *Gesammelte Briefe*, Band III, a. a. O., S. 387 f
22. *Gesammelte Briefe*, Band III, a. a. O., S. 389 ff.
23. Paul Raabe, *Spaziergänge durch Nietzsches Sils-Maria*, Arche-Verlag 1994, Zürich-Hamburg, S. 58
24. Erika Mann, *Das letzte Jahr*, S. Fischer Verlag, Frankfurt am Main 1956
25. Hermann Hesse, *Gedichte*, Frankfurt a. M. 1977, S. 703
26. *Hermann Hesse in Augenzeugenberichten*, Hrsg. Volker Michels, Frankfurt a. M. 1987
27. Ninon in einem Brief vom 16. 08. 1962, *Hermann Hesse in Augenzeugenberichten*, a. a. O.
28. Aus einem Brief vom 7. Januar 1928, veröffentlicht in *Hermann Hesse als Maler*, a. a. O., S. 114
29. Heiner Hesse in *Erinnerungen der Söhne an ihren Vater Hermann Hesse*, veröffentlicht von der Kreissparkasse Calw, Hrsg. Uli Rothfuss, S. 45 ff.
30. *Hermann Hesse in Augenzeugenberichten*, a. a. O., S. 113
31. *Erinnerungen der Söhne an ihren Vater Hermann Hesse*, a. a. O., S. 72
32. *Erinnerungen der Söhne an ihren Vater Hermann Hesse*, a. a. O., S. 80 ff

BILDNACHWEIS

Hermann Hesse – Editionsarchiv Volker Michels:
Bildnummern 3, 5, 7, 12, 19, 25, 26, 32, 36, 40, 41, 43, 44, 48, 55, 64, 71, 73, 74, 101, 107

Martin Hesse:
Titelbild (Enkelin Sibylle mit Hermann Hesse)
Seite 7
Bildnummern 13–18, 51, 81, 98, 99, 106

Sibylle Siegenthaler:
Bildnummern 102, 103, 104

Trudel Hanßum:
Bildnummern 9, 10, 28, 53, 65, 66, 70

Martin Pfeifer:
Bildnummer 67

Deutsches Literaturarchiv, Marbach/Neckar:
Bildnummern 59, 60, 79

Heinz Rühmann Nachlaß:
Bildnummer 109

Georg A. Weth:
Bildnummern 1, 2, 6, 8, 11, 20, 21, 22, 23, 24, 27, 29, 30, 31, 33, 34, 35, 37, 38, 39, 42, 45, 46, 47, 49, 50, 54, 56, 57, 58, 61, 62, 63, 68, 69, 72, 75, 76, 77, 78, 80, 82, 83, 86, 89, 90, 91, 92, 93, 94, 95, 96, 97, 100, 105, 108

Annette Greve:
Foto auf der Umschlagklappe
sowie auf Seite 71

Nachfolgende Aquarelle stammen aus dem Besitz von Bruno Hesse und durften mit seiner freundlichen Genehmigung veröffentlicht werden:
Bildnummern 4, 52, 84, 85, 87, 88

Der Alte betrachtet nachts seine Hände

Mühsam schleppt er sich die Strecke,
Seiner langen Nacht,
Wartet, lauscht und wacht.
Vor ihm liegen auf der Decke
Seine Hände, Linke, Rechte,
Steif und hölzern, müde Knechte,
Und er lacht
Leise, dass er sie nicht wecke.

ooo

Unverdrossner als die meisten
Haben sie geschafft,
Da sie noch im Saft.
Vieles wäre noch zu leisten,
Doch die folgsamen Gefährten,
Wollen ruhn und Erde werden.
Knecht zu sein,
Sind sie müd und dorren ein.

ooo

Leise, dass er sie nicht wecke,
Lacht der Herr sie an.
Langen Lebens Bahn
Scheint nun kurz, doch lang die Strecke,
Einer Nacht. Und Kinderhände,
Jünglingshände, Manneshände
Sehn am Abend, sehn am Ende
So sich an.

ooo

mit guten Wünschen von H Hesse

(Januar 1957)

Abb. 109
Original Typoskript »Der Alte betrachtet nachts seine Hände« von Hermann Hesse für Heinz Rühmann (Januar 1957)

Georg A. Weth

schrieb bisher fünfzehn Bücher, unter ihnen den im Eulen-Verlag erschienenen Lyrik-Band »Wie ein leuchtender Spiegel – Liebeserklärung an Mallorca«.

Seit mehr als 35 Jahren beschäftigt sich Weth mit Hermann Hesse, dem er bereits einige Publikationen widmete, speziell durch den von ihm kreierten Vortragsstil »Dia musicana« mit dem er immer wieder das Publikum zu begeistern versteht.

Einen Namen machte sich der Autor auch durch seine Aufzeichnungen alter und neuer Märchen aus vielen Ländern (Buchserie: »Inselmärchen der Welt«).

Er dramatisierte 25 klassische Märchen, die zu den meistgespielten Bühnenwerken zählen. Über 10 000 Aufführungen sind alleine im deutschsprachigen Raum zu verzeichnen, 600 in Japan, 500 in Rußland, Spanien, Frankreich, Italien, Holland, Belgien und Israel. Bei einem internationalen Theatertreffen in Singapur bekamen seine Bearbeitungen den Ersten Preis. Das schwedische Königshaus holte Weths Dramatisierungen, die von Astrid Lindgren als »vorbildlich« bezeichnet wurden, nach Stockholm.

Drei Musicals »Der Struwwelpeter«, »Till Eulenspiegel« und »Münchhausen«, zu denen er die Texte verfaßte, wurden erfolgreich uraufgeführt.

Weth schreibt Hörspiele, Drehbücher und macht Reportagen für das Fernsehen. Er ist als freier Schriftsteller für Zeitungen und internationale Magazine tätig.

Bei allen Arbeiten steht stets der Mensch im Mittelpunkt, den er in seinem Umfeld beobachtet und analysiert, dessen Spuren er verfolgt und dokumentiert.

Georg A. Weth fühlte sich mit Heinz Rühmann freundschaftlich verbunden (Foto), dem er verschiedene Essays widmete. Einige Monate vor dem Tod des großen Schauspielers besuchte er mit ihm das Tessin und die Hermann Hesse-Stätten.

Literarische Landschaftsbeschreibungen im Eulen Verlag

Die Harzreise

Auf den Spuren Heinrich Heines.
43 Fotos von Ralf Freyer zu Texten von
Heinrich Heine und Bernd Kortländer
mit zeitgenössischen Stichen.
48 Seiten. ISBN 3-89102-243-3

Auf den Spuren von Heinrich Heine den Harz erwandern: Bernd Kortländer vom Heinrich-Heine-Institut in Düsseldorf erläutert in diesem Bildband die Besonderheiten der Sicht- und Schreibweise Heines im Spiegel der Plätze, die heute noch an ihn erinnern. Ralf Freyer hat die Stimmungen dieser Orte, den Mythos Harz und insbesondere den Mythos Brocken, eigens für dieses Buch fotografiert.

Ultima Thule

Island – Feuerinsel am Polarkreis.
40 Farbfotos von Helfried Weyer.
Gedichte von Matthías Johannessen in
Nachdichtungen von Jon Laxdal.
48 Seiten. ISBN 3-89102-152-6

Eine Reise nach Island ist wie die Rückkehr zum Wesentlichen: Helfried Weyer hat den Mythos von Ultima Thule, die Vision einer Urlandschaft und Weltschöpfung, Feuer, Erde, Luft und Wasser, fotografiert und erlebbar gemacht. Matthías Johannessen, ein moderner isländischer Poet, besingt dazu – wie ein Minnesänger – seine Liebe zur Insel der Dichter.

Irland

Geschichten von einer Insel im Westen.
Ein literarisches Portrait mit 45 Fotos und
Texten von Hartmut Krinitz.
48 Seiten. ISBN 3-89102-242-5

Irland, die grüne Insel im Westen, ist ein Land großer Gegensätze. Wild zerklüftete rauhe Küsten wechseln ab mit lieblichen Sandbuchten und geben Irland sein unverwechselbares Gepräge. Die Menschen sind voller Melancholie und Lebensfreude. Der Fotograf Hartmut Krinitz fängt in seinen Bildern und Texten die Verschiedenartigkeit Irlands ein. Literarische Zitate ergänzen ein lebendiges Bild des heutigen Irland.

Jan Hnizdo - Jiří Gruša

Auf der Brücke zum Morgen

Prag – Die goldene Stadt der hundert Türme.
48 Seiten mit 32 Farbfotos. ISBN 3-89102-151-8

Dieser impressionistische Bildband ist eine Begegnung mit Prag, der goldenen Stadt an der Moldau. Der Fotograf Jan Hnizdo hat Prag festgehalten zu einer Zeit, als noch nicht jeder in die Stadt fahren konnte und aus ihr kommen konnte. Der Schriftsteller Jiří Gruša hat den symbolhaft tiefen Urgrund dieser Stadt in den literarischen Zeugnissen erforscht.